2014年长江中下游矿冶文化研究中心项目"矿冶企业转型中的企业文化建设研究"（项目编号2014kyb09）和湖北理工学院校级科研项目"矿冶文化影响下的黄石矿冶企业文化构建研究"（项目编号18xjr03Q）资助

传承与创新

企业文化建设路径研究

赵 青 著

科学技术文献出版社

SCIENTIFIC AND TECHNICAL DOCUMENTATION PRESS

·北京·

图书在版编目(CIP)数据

传承与创新:企业文化建设路径研究/赵青著. —北京:科学技术文献出版社, 2018.10 (2020.1重印)

ISBN 978-7-5189-4818-5

Ⅰ.①传… Ⅱ.①赵… Ⅲ.①企业文化—建设—中国 Ⅳ.① F279.23

中国版本图书馆 CIP 数据核字 (2018) 第 218117 号

传承与创新:企业文化建设路径研究

策划编辑:张　丹　　责任编辑:王瑞瑞　　责任校对:张吲哚　　责任出版:张志平

出　版　者	科学技术文献出版社
地　　　址	北京市复兴路 15 号　　邮编　100038
编　务　部	(010) 58882938, 58882087 (传真)
发　行　部	(010) 58882868, 58882870 (传真)
邮　购　部	(010) 58882873
官方网址	www.stdp.com.cn
发　行　者	科学技术文献出版社发行　　全国各地新华书店经销
印　刷　者	北京虎彩文化传播有限公司
版　　　次	2018 年 10 月第 1 版　2020 年 1 月第 3 次印刷
开　　　本	710×1000　1/16
字　　　数	198 千
印　　　张	11.5
书　　　号	ISBN 978-7-5189-4818-5
定　　　价	48.00 元

版权所有　违法必究

购买本社图书,凡字迹不清、缺页、倒页、脱页者,本社发行部负责调换

前　言

随着社会的发展,竞争越来越激烈,而企业之间的竞争也从经济竞争扩大到文化竞争、管理竞争等方面。在现代社会,各企业都越来越重视本企业的文化建设,希望通过企业文化的建设提升自己的竞争能力。中华文化源远流长,企业的文化建设无法绕过传统文化而实现。本书从传统文化在现代社会中的继承出发,探讨传统文化在现代企业中的传承与创新问题。

本书共有8章,具体内容如下。

第一章从整体上对企业文化进行了介绍,主要包括企业文化的内涵与理论、企业文化的功能、企业文化的载体及企业文化的系统分析。

第二章主要介绍传统文化与企业文化。主要包括传统文化与企业文化之间的关系及传统文化对企业文化的重要作用。

第三章主要介绍传统文化精神与企业文化案例。主要包括5个精神方面的案例,分别是自强不息、人本精神、见利思义、忧患意识、天人合一。

第四章是现代企业精神、价值观与案例分析。在整体论述现代企业精神和现代企业价值观的基础上,分析了万向节的案例和麦肯锡公司的案例。

第五章是企业文化建设路径研究。主要介绍了通过诊断评估来明确企业文化现状和建设方向、系统构建完整的企业文化体系、企业文化的落地与评估及企业文化建设的两种模式。

第六章是建设有中国特色的现代企业文化。包括中国特色社会主义文化、中国现代企业文化的性质和特征、中国现代企业文化建设的路径和方法及弘扬优秀传统文化,建设中国特色社会主义企业。

第七章是不同性质企业的企业文化建设。主要介绍了国有企业和中央企业的企业文化建设、股份制企业的企业文化建设、民营企业的企业文化建设及合资企业的企业文化建设。

第八章是传统文化与现代企业文化建设的创新融合。主要包括中国传统文化与现代企业文化建设的融合、解析传统文化精髓建设现代企业文化、中国优秀传统文化在现代企业文化中的影响及用传统德文化滋养现代企业员工"厚于德"。

在各企业都热衷于企业文化建设的今天,希望本书可以为爱好企业文化的人及有相关需要的人提供一个参考。

由于时间和水平所限,书中难免存在疏漏与不足,恳请读者指正。

著者
2018 年 8 月 3 日

目 录

第一章 企业文化概述 ………………………………………… 1
 第一节 企业文化的内涵与理论 ………………………… 1
 第二节 企业文化的功能 ………………………………… 9
 第三节 企业文化的载体 ………………………………… 15
 第四节 企业文化的系统分析 …………………………… 20

第二章 传统文化与企业文化 ………………………………… 23
 第一节 传统文化与企业文化的关系 …………………… 23
 第二节 企业文化的传统之根 …………………………… 26
 第三节 植根传统文化的中国企业文化建设 …………… 37

第三章 传统文化精神与企业文化案例 ……………………… 41
 第一节 中国传统文化精神——自强不息 ……………… 41
 第二节 中国传统文化精神——人本精神 ……………… 45
 第三节 中国传统文化精神——见利思义 ……………… 48
 第四节 中国传统文化精神——忧患意识 ……………… 51
 第五节 中国传统文化精神——天人合一 ……………… 53

第四章 现代企业精神、价值观与案例分析 ………………… 57
 第一节 现代企业精神概述 ……………………………… 57
 第二节 "铁匠铺"发迹之谜——万向节的企业精神 … 63
 第三节 现代企业价值观 ………………………………… 65
 第四节 麦肯锡公司的价值观是如何落地的 …………… 76

第五章 企业文化建设路径研究 ……………………………… 78
 第一节 通过诊断评估来明确企业文化的现状和建设方向 … 78
 第二节 系统构建完整的企业文化体系 ………………… 95
 第三节 企业文化的落地与评估 ………………………… 96
 第四节 企业文化建设的两种模式 ……………………… 110

第六章 建设有中国特色的现代企业文化 …… 114
第一节 中国特色社会主义文化 …… 114
第二节 中国现代企业文化的性质和特征 …… 117
第三节 中国现代企业文化建设的路径和方法 …… 123
第四节 弘扬优秀传统文化，建设中国特色社会主义企业 …… 128

第七章 不同性质企业的企业文化建设 …… 132
第一节 国有企业、中央企业的企业文化建设 …… 132
第二节 股份制企业的企业文化建设 …… 141
第三节 民营企业的企业文化建设 …… 151
第四节 合资企业的企业文化建设 …… 155

第八章 传统文化与现代企业文化建设的创新融合 …… 159
第一节 中国传统文化与现代企业文化建设的融合 …… 159
第二节 解析传统文化精髓，建设现代企业文化 …… 164
第三节 中国优秀传统文化在现代企业文化中的影响 …… 166
第四节 用传统德文化滋养现代企业员工"厚于德" …… 171

参考文献 …… 175

第一章 企业文化概述

> 企业文化萌芽于20世纪70年代末期,发展于20世纪80年代初期,当时在发达国家影响比较大,是一种以人为中心的现代企业管理理论。企业文化于20世纪80年代引入中国,受到了广泛关注。
> 本章主要介绍企业文化的内涵与理论、企业文化的功能、企业文化的载体,并对企业文化进行系统分析。

第一节 企业文化的内涵与理论

所谓文化,《说文解字》中给出:"文,错画也,象交文。""错画"就是交错刻画的意思。因此,"文"的本意是文身,由花纹引申为文字或文辞。"化"字是一个象形字,"教行也",在甲骨文中,"化"字是左右两个背对着的人。"教行于上,则化成于下……上匕之而下从匕谓之化……化行而匕废矣。"通俗地讲,就是上行下效,让下属照着上司的做法去做的过程就是"化"。因此,"化"就是教化,让人们向被要求和被希望的方向发展。

我国古代统治者用"文化"来管理百姓、治理社会。文化是一种经过主观创造而达到客观存在的人类活动过程,是历史传统和习惯的沉淀。简单地说,文化就是人类的生存方式,凡有人类的地方就有文化。

文化的核心是价值观。价值观是指一个人对周围客观事物的是非曲直、好坏善恶的评价标准。人们对各种事物都有自己的评价标准,在心目中都有好坏、轻重、主次之分。这种轻重、主次的排列构成了个人的价值观体系。企业的价值观不是指对"钱"的认识,而是企业的"人生观""世界观",是一个体系。

当今世界是多变的时代,未来竞争难以预知。企业的生存也受到了新的挑战。经过经济学家们多年的研究和推理,认为企业要想长期存在下去,就要解决企业在战略、文化及制度方面的问题。

一、企业文化的内涵

(一)企业文化的演变

"企业文化"这个名词出现于20世纪80年代初。国内外学者对于企业文化的研究数不胜数,但是在研究角度和关注重点不同的影响下,对企业文化的定义也存在一定的差别。

阿伦·肯尼迪与特伦斯·迪尔合著的《企业文化》一书中,提出构建企业文化的五要素是:①企业环境,对企业文化的形成和发展具有关键影响的因素;②价值观,组织的基本思想和信念,本身形成了企业文化的核心;③英雄人物,把企业价值观人格化且为员工提供了具体的楷模;④礼节和仪式,向组织成员表明对他们所期望的行为模式;⑤文化网络,组织内部主要的联系手段,即企业价值观和英雄人物传奇的"运载工具"。[1]

威廉·大内认为,企业的传统和氛围产生了一个企业的企业文化。企业文化表明企业的风格,管理人员以自己为榜样把企业中行为、言论、活动的固定模式形成的风格传输给一代又一代的企业员工。

中华人民共和国成立之后,结合当时国家的实际情况,实行了计划经济。1978年,我国进行改革开放,开始实行市场经济,这是我国经济发展的重要转折点。从这之后,我国企业得到了突飞猛进的发展,广泛分布于我国国民经济的各个部门和各个行业。此时,我国的企业文化发展还不是很明显。我国企业的类型具体如下。

第一,根据企业所属行业和经营范围的不同,可分为工业企业、农业企业、商业企业、交通运输企业、金融企业、邮电企业、地质勘探企业、建筑安装企业、外贸企业和科技企业等。

第二,根据企业组织形式的不同,可分为单一企业和联营企业。根据企业生产经营规模的不同,可分为大型企业、中型企业和小型企业。

第三,根据企业所有制性质的不同,可分为国有企业、集体企业、股份合作企业、有限责任公司、股份有限公司、私营企业、港澳台商投资企业和外商投资企业等。

20世纪80年代以后,"企业文化"才开始受到我国理论界与企业界的关注,且关注度逐渐升温。1984年海尔集团的张瑞敏在企业亏损147万元

---

[1] 邵学全.赢在企业文化:企业文化建设路径方法与操作实务[M].北京:清华大学出版社,2015:4.

的情况下,首先提出"文化先行、企业理念先行"的主张,为中国企业界进行企业文化建设注入了强心针。中国企业开始关注"企业文化"这个名词,至今已经有30多年的历史了。然而,在我国企业逐渐探索的这30多年中,企业文化建设成功的案例并不多,相较国外企业几十年甚至近百年的企业文化探讨和建设历史来说,我国的企业文化建设才刚刚开始。

(二)企业文化的定义

关于企业文化的定义,国内外学者有各种不同的表述。据统计,国内外关于企业文化的定义有180多种。

罗宾斯在《管理学》一书中是这样定义企业文化的:"企业文化是组织成员共有的价值和信念体系,这一体系在很大程度上决定了组织成员的行为。""价值和信念"分开来讲,价值观是组织成员在成长过程中形成的,而信念则有可能是后天受环境影响而形成的。一个组织成员对企业文化的认知程度是基于其已有的价值观和对企业价值观的认可程度。这个认可程度越高,也就越能融入企业文化中。

我国学者魏杰在《企业文化塑造——企业生命常青藤》一书中这样总结企业文化的定义:"所谓企业文化,就是企业信奉并付诸实践的价值理念,也就是说,企业信奉和倡导并在实践中真正实行的价值理念。"通过分析定义可以看出,企业文化现象是以人为载体的现象,而不是以物质为中心的现象,由一个企业的全体成员共同接受,普遍享用,而不是为企业某些人特有,并且是在企业发展过程中逐渐积累形成的。

中国社会科学院工业经济研究所研究员韩岫岚认为:"企业文化有广义和狭义两种理解。广义的企业文化是指企业所创造的具有自身特点的物质文化和精神文化;狭义的企业文化是企业所形成的具有自身个性的经营宗旨、价值观念和道德行为准则的综合。"

国内大部分学者还习惯这样来定义企业文化:"企业文化是指企业在长期的生产经营过程中形成的全体员工共同遵守和奉行的价值观念、基本信条和行为准则。可以划分为3个层次:表层的物质文化,主要是指员工的行为规范;中层的制度文化,主要是指严格的管理制度和高度自觉地执行这些制度;深层的精神文化,主要是指共同的信念和经营理念等,是企业的精神支柱,是企业文化的精髓。"

从以上的列举中可以了解到,虽然多数学者对于企业文化的定义看起来存在很大差异,但是实际上他们在一些基本的观点上是相同的,这些基本观点可以概括为:"第一,企业文化是一种重视人,以人为中心的企业管理方式,强调把企业建成一种人人都具有社会使命感和责任感的命运共同体。

第二，企业文化的核心要素是价值观，也就是一个企业的基本要领和信仰，或者说是指导员工和企业行为的哲学。"①

国务院国有资产监督管理委员会给企业文化下的定义是："企业文化是在一定的历史条件下，一个企业或经济组织在长期实践中形成并被公众普遍认同的价值观念、企业精神、英雄模范、文化环境、产品品牌及经营战略的集合体，是一种凝聚人心实现自我价值、提升企业核心竞争力的无形力量和资本。"②

说得通俗一些，企业文化就是一个企业办事的方式、考虑问题的角度和方法、相信的东西及工作的态度。

(三) 企业文化的内涵

目前，国内关于企业文化的解释，比较权威的是魏杰教授给出的，他从几个不同角度对企业文化的内涵进行了分析。

1.形式：企业文化属于思想范畴概念

企业文化属于人的思想范畴，是人的价值理念。这种价值理念和社会道德属于同一种范畴。我们治理社会，首先提出要依法治国，人们要遵守法律，但是，法律的角度只是规定了人的底线，而不是要求人要好成什么样，因此，要想全面提高人的素质，还是要提升道德的影响力。在企业的管理方面也是如此，首先要依循企业制度进行管理；其次要建立企业文化，依靠道德文明的力量增加员工的凝聚力，提高员工素质。

从这可以看出，企业文化和社会道德一样，都是一种内在价值理念，都是一种内在约束，即人们在思想理念上的自我约束，因而都是对外在约束的一种补充。只不过社会道德是对社会起作用，而企业文化是对企业起作用，它们发生作用的领域不同而已。所以从形式上看，企业文化是属于思想范畴的概念。正因如此，企业文化是极为重要的。

2.内容：企业文化反映企业行为的价值理念

企业文化在内容上是对企业的现实运行过程的反映，也就是企业的制度安排及企业的战略选择在人的价值理念上的反映。或者说，企业所有的相关活动都会反映到人的价值理念上，从而形成企业文化。

---

① 罗长海.企业文化学[M].北京：中国人民大学出版社，1991：232.
② 邵学全.赢在企业文化：企业文化建设路径方法与操作实务[M].北京：清华大学出版社，2015：5.

由此可见,从内容上讲,企业文化是与企业的活动有关的价值理念,而不是其他方面的价值理念,它是反映了企业现实运行过程的全部活动的价值理念,是企业制度安排和战略选择在人的价值理念上的反映。例如,一个企业如果在制度安排上要拉开员工的收入差距,那么这个企业在企业文化上就应该有等级差别的理念。又如,一个企业要在经营战略上扩大自己的经营,那么这个企业就要在企业文化上有诚信的理念等。

因此可以说,企业文化从内容上看是反映企业行为的价值理念。

3.性质:企业文化是付诸实践的价值理念

价值理念可以分为两大类,一类是信奉和倡导的价值理念;另一类是必须付诸实践的价值理念。企业文化既属于企业信奉和倡导的价值理念,又属于必须付诸实践的价值理念。企业文化能真正约束员工的行为,是真正在企业运行过程中起作用的价值理念。

因此,我们在谈到企业文化的时候,就应该明白,它其实已经对企业发生作用。企业文化若没有被付诸实践就失去了它应有的作用,就是一纸空文。

4.属性:企业文化是企业性质的价值理念

文化可以说是与物质相对应的范畴,因而文化的内容是极其丰富的。也就是说,对于价值理念来说,从其拥有的主体上可以分为自然人的价值理念、民族的价值理念、国家的价值理念、法人的价值理念和企业的价值理念,而企业文化则是属于企业的价值理念,是企业的灵魂。

5.作用:企业文化属于规范企业行为的价值理念

企业文化作为企业的价值理念,是对企业真正发挥作用的价值理念,企业文化对企业的行为及员工行为都能起到非常好的规范作用。例如,企业文化中关于责、权、利对称的管理理念,规范着员工的责权利关系;企业中的共享、共担理念,规范着企业与员工在风险承担及利益享受上的相互关系。

总之,企业文化的核心是企业的价值理念,其核心要素是企业共同的价值观念。

(四)企业文化的生长

1.萌芽

(1)影响因素

影响因素包括创业者自身的文化素质水平、领导团队的管理制度文化、行业政策和文化、地域文化及社会文化等。

(2)特点

特点主要是力量薄弱,抵制和选择能力差,处处被动,接受的大于输出的。此时的企业文化偏重于人文文化和制度文化。

(3)对策

对策是服从和适应周边的文化氛围。由于自身选择能力较弱,创业者根据自身文化素养,瞄准优秀的行业文化、地域文化进行整合,提取出自己认为优秀的企业文化因子,从实际出发,提出企业文化的核心理念,并体现在制度上。

2.成长

(1)影响因素

影响因素包括行业政策、行业文化、企业家自身文化素质、领导团队的管理制度文化、地域文化、社会文化。

(2)特点

特点主要是具有一定力量,抵制和选择能力有所增加,具有了一定的识别和选择能力,接受仍占上风。此时的企业文化偏重于制度文化,人文文化职能开始弱化。

(3)对策

对策是学习和适应周边的文化氛围。由于自身选择能力有所提高,领导团队根据自身逐渐形成的文化因子,瞄准优秀的行业文化、社会文化进行整合,提取出自己认为优秀的企业文化因子,逐渐形成企业文化体系框架。

3.定位

(1)影响因素

影响因素包括母文化、行业政策、行业文化、企业家或企业家群文化素质、领导团队的管理制度文化、子文化、地域文化、社会文化。

(2)特点

特点主要是力量逐渐增强,抵制和选择能力稍见实力,具有了识别和选择能力,开始形成个性文化。此时的企业文化开始器重以人为本,制度文化职能开始弱化。

(3)对策

对策是完善自身企业文化体系。根据企业自身在经营管理方面逐渐形成的系统思考,由专门的企业文化负责部门牵头,借助外部企业文化专家的力量,通过集思广益、正确归位,完成精神文化、制度行为文化、物质文化系统思考,并打造较为成型的企业文化体系。

4.统领阶段

(1)影响因素

影响因素包括母文化、子文化、行业政策、行业文化、企业家或企业家群文化素质、领导团队的管理制度文化、社会文化、地域文化。

(2)特点

特点主要是形成了独特的企业文化,并具有了兼容、统领和辐射能力。此时的企业文化偏重于战略导向和宏观调控。

(3)对策

对策是建立战略导向型企业文化模型。以自身形成的文化发展方向为主线,整合行业文化、子文化、社会文化,根据企业战略规划来提升企业文化理念的高度,使企业文化成为亚文化的主轴、行业文化的标杆。

二、企业文化的理论

企业文化的构成可以分成4个层面,如图1-1所示。

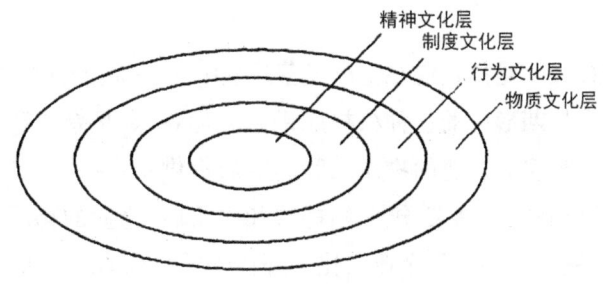

图1-1 企业文化的构成

(一)企业物质文化

企业物质文化的构成主要有厂容、企业标识、厂歌、文化传播网络等。

它是由企业员工创造的产品和各种设施等构成的器物文化,是一种以物质形态为主要研究对象的表层企业文化。它主要是指企业生产的产品和提供的服务,是企业与社会、消费者道德接触的部分,是企业文化最直观的表现。

(二)企业行为文化

企业行为文化是指企业文化的外在表现和结果,企业文化的人格化,包括企业经营的行为、员工的日常工作行为、员工规范履行职责的行为等。它是指企业员工在生产经营、学习娱乐中产生的活动文化,包括企业经营、教育宣传、人际关系活动、文娱体育活动中产生的文化现象。它是企业经营作风、精神面貌、人际关系的动态体现,也是企业精神、企业价值观的折射。

(三)企业制度文化

企业制度文化包括企业的各种规章制度及这些规章制度所遵循的理念,如人力资源管理理念、营销理念、生产理念等。它是由企业的法律形态、组织形态和管理形态构成的外显文化,是企业文化的桥梁,把企业文化中的物质文化和精神文化有机地结合成一个整体。企业制度文化一般包括企业法规、企业经营制度和企业管理制度,企业的法律形态体现了社会大文化对企业的制约和影响,反映了企业制度文化的共性。企业的组织形态和管理形态则体现了企业各自经营管理特色,反映了企业制度文化的个性。

(四)企业精神文化

企业精神文化是指企业在生产经营过程中,受一定的社会文化背景、意识形态影响而长期形成的一种精神成果和文化观念,是企业意识形态的总和。企业的精神层为企业的物质层和制度层提供思想基础,是企业文化的核心,必须建设制度层约束、规范精神层和物质层;企业的物质层为制度层和精神层提供物质基础,是企业文化的外在表现和载体。三者互相作用,共同形成企业文化的全部内容。相对于企业物质文化和行为文化来说,企业精神文化是一种更深层次的文化现象,在整个企业文化系统中,它处于核心地位。

第二节 企业文化的功能

当我们把握了企业文化的内涵,企业文化在企业中所表现出来的任何一种文化现象都对企业中的人、企业生产经营和管理活动产生影响并发挥作用,我们称这种作用为企业文化的功能。研究企业文化建设,就是要将企业文化的功能运用到企业的经营管理中。

企业文化的重要作用不外乎树立外部的形象,增强内部凝聚力及扩大市场影响力,强化企业竞争力,提升企业品牌优势。

一、企业文化的作用具有双重性

(一)优秀企业文化的作用

优秀企业文化的作用包括统一理念,凝聚人心,创造和谐(凝聚力);体现战略,指引方向,激励斗志(激励力);宣明主张,明辨是非,约束行为(约束力);提升品位,昭示社会,培育信赖(辐射力);内聚人心,众志成城,外塑形象,品牌提升。总之,企业文化是人的需要,管理的需要。优秀的企业文化能够促进企业管理水平的提升和企业的发展,对企业的发展有非常大的好处。

(二)不良企业文化的危害

不良企业文化的危害包括破坏企业法理基础;动摇企业管理权威;离散员工共同进取;扭曲企业公众形象;对内腐蚀员工,对外败坏形象。在现代企业当中,企业文化的作用更是重要。一个企业如果被不良企业文化包围,则会侵蚀员工的思想,导致企业员工的思想素质普遍降低,进而会造成消极怠工及诚信缺失等问题,非常不利于企业的未来发展。

二、优秀企业文化的特征

优秀企业文化具有以下几个方面的特征。

第一,个性突出。一种是企业家精神个性,即企业领导者的追求、思想和理念;另一种是企业组织个性,即企业独特的经营理念、制度和行为方式等。这两种个性就构成了企业文化的整体个性。

第二,文化融合。将传统与现代融合,东方与西方融合,现代与民族融合,不断引导管理组织创新。

第三,商业准则。所谓商业准则,是指企业在市场竞争中的基本游戏规则,如诚信、公平竞争、双赢或多赢、职业化等。

第四,人性化。企业只有基于人性本原,才具有无限的包容性,并获得终极性的认同和尊重,进而才会起到凝聚人心的作用。

三、企业文化的功能

(一)导向功能

企业文化的导向功能是指通过企业文化建设,规定企业行为的价值取向、明确企业的行动目标、确立企业的规章制度和行为方式,再把企业及企业成员的思想和行为引导到企业所确定的目标上来,使企业员工同心协力,自觉地为实现企业目标而团结奋斗。

(二)凝聚功能

企业文化的凝聚功能是指当一个企业文化价值观被本企业成员认同之后,它就成为一种基于某种共识的巨大的向心力,从各方面把企业成员团结起来。企业文化可以增强企业的凝聚力,这是因为企业文化有同化作用、规范作用和融合作用,把员工和企业的追求紧紧联系在一起,使每个员工产生归属感和荣誉感。

(三)激励功能

企业文化的激励功能是指企业文化激励的因素和激励的标准能最大限度地激发员工的积极性与首创精神。作为一种精神支柱、精神象征和集体信仰的企业文化,不但可以借助于心理的、道德的、舆论的、观念的力量引导企业员工精诚团结,完成任务,而且还能唤起员工的忧患意识和创新意识,帮助企业渡过各种难关。

(四)协调功能

企业文化的协调功能是指为员工创造一种良好的环境和氛围,使员工在心理、人际关系、环境等方面得到协调与适应。企业文化重视从文化角度来教育和感染员工,不仅规范员工的工作行为,对员工的各项业余文化生活也具有一定的引导和协调功能。

(五)辐射功能

企业文化的辐射功能分为内辐射功能和外辐射功能。内辐射功能就是通过先进模范典型以身作则的宣传作用去影响组织中的人,形成共同的行为准则,从而对内具有强烈的感染传播力量。外辐射功能就是通过塑造良好的企业整体形象,树立信誉,扩大影响,向社会大众展示企业成功的管理风格、良好的经营状况和高尚的精神风貌。

四、企业文化建设在现代企业管理中的重要性

(一)培养员工归属感

优秀的企业文化能够培养人的归属感。通过企业文化建设可以实现企业发展目标与员工个人目标的统一,形成共同愿景;使员工信赖企业,把企业作为发挥个人潜能、实现个人抱负的舞台。

(二)提高企业管理水平

企业文化需要以传统管理模式为基础,同时又能升级传统管理模式,提高企业管理水平。因此,通过企业文化建设可以改善企业当前的管理水平。

(三)提升企业外部形象

优秀的企业文化可以树立并强化企业良好的形象,扩大企业在社会上的影响力,增强企业的社会知名度,进而给企业带来巨大的经济效益和社会效益。

(四)提高企业竞争力

优秀的企业文化本身就具有一定的独特性,是企业的核心竞争力所在,很难被其他企业全盘模仿。这也就意味着,建设企业自身的优秀文化能够提高企业的竞争力。

(五)知名企业文化案例

1. 朗讯企业的 GROWS 文化

朗讯企业(以下简称"朗讯")于 1996 年由美国 AT&T 企业分拆成立,总部设在美国新泽西州的莱莉山。在朗讯的鼎盛时期,全球拥有 26 家工厂,研发机构和营销中心遍布世界各地,共有 14 万名雇员,股票市值达到 2000 多亿美元,每年的营业收入超过 400 亿美元。

传统的 AT&T 是一家庞大的官僚机构,程序复杂,人浮于事,效率低下。分拆之后,朗讯体内始终贯穿着 AT&T 的理念,自然受其官僚气息的影响也比较重。在经历了一段时间的整顿和彷徨后,为了走出困境,企业专门组织了一个文化学习班,选择《财富》500 强中的一些企业(称其为高效能企业),分析它们是如何成功的,以及它们有何文化共通之处。经过考查与分析,并根据朗讯的特征和"内需",文化学习班提出了 GROWS 文化。

1997 年,朗讯便开始推广以 GROWS 为基础的目标管理,强调上级必须了解下级的期待与愿景,下级也要了解自己需要对什么负责。公司的每一个员工都必须明确自己的目标。朗讯也因此使企业利益成为每一名雇员的共同目标,增强了其核心竞争力,为企业形成竞争优势奠定了基础。

正是朗讯大力推行 GROWS 企业文化和组织结构的优化组合,以及高素质的管理者对 GROWS 企业文化的贯彻实施,产品更新换代和成本的有效控制等多方面的努力,才使得其能够持续健康发展。

2. 松下电器企业的企业文化

松下电器企业(以下简称"松下")是全世界有名的电器企业,松下幸之助是该企业的创办人和领导者。松下是日本第一家用文字明确表达企业精神的企业。松下精神,是松下幸之助及其企业获得成功的重要因素。

松下幸之助认为,人在思想意志方面,有容易动摇的弱点。为了使松下的员工为自己企业的使命和目标而奋斗的热情与干劲能持续下去,制定了一些规章制度,以警醒员工。

松下精神作为使设备、技术、结构和制度运转起来的科学研究的因素,是在松下的成长中形成并得到不断培育强化的。它是一种内在的力量,是松下的精神支柱,它具有强大的凝聚力、导向力、感染力和影响力,是松下成功的重要因素。

3. 海尔集团的企业文化

位于我国山东省青岛市的海尔集团,是中国家电领域系列较全、产销量较大的企业之一。海尔集团从创立发展至今,一直是我国电子产业的重要探索者,也是高新技术与经济效益相结合的完美体现。

海尔集团的张瑞敏认为,启动企业要从人开始,启动人要从启动精神开始。于是他的第一步就是改革员工的思想观念。可以说,海尔集团的企业文化是"砸"出来的意志和理念,这一"砸"首先树立了员工的产品质量观——有缺陷的产品就是废品!从那时起,张瑞敏和领导班子便开始有意识地收集、提炼和归纳涉及生产经营和管理各方面的新思想、新理念,并不断开展多种形式的教育、培训活动,帮助员工克服旧观念,养成新作风。同时还积极学习、借鉴欧美跨国企业及日本大企业经营管理科学,使国外的先进理论与本企业实际紧密结合,建成了既有世界最新管理理念,又有中国传统色彩的独特的海尔企业文化体系。

五、企业文化与企业竞争优势

20世纪四五十年代,日本企业的管理之所以成功,重要原因之一是它们更重视支撑管理的软性因素,即企业文化的建设,重视培植企业自身的社会作风、经营理念和价值观等。威廉·大内认为,讲求信任、微妙性和人与人之间的亲密性是日本企业管理的精髓。帕斯卡尔等通过对"7S模式"比较分析,认为日本企业跟美国企业相比,更重视人员、技能、作风和最高目标等文化因素,因此战略、结构和制度等硬性要素的作用就能得以充分发挥,这是日本企业取得成功的关键。

波特认为:"从根本上来讲,当企业为客户所创造的价值超过其为此付出的成本时,竞争优势就产生了。"竞争优势是竞争性市场经济中企业所有绩效的核心,是"物竞天择"对企业的要求,而影响获得竞争优势的因素中首要的就是企业的竞争战略。

企业生存必须有竞争力,企业文化是企业的无形竞争力。一个国家的经济要提高国际竞争力,关键是提高企业的竞争力。企业竞争的直接表现是产品竞争,但竞争背后的根源是文化的竞争,如图1-2所示。

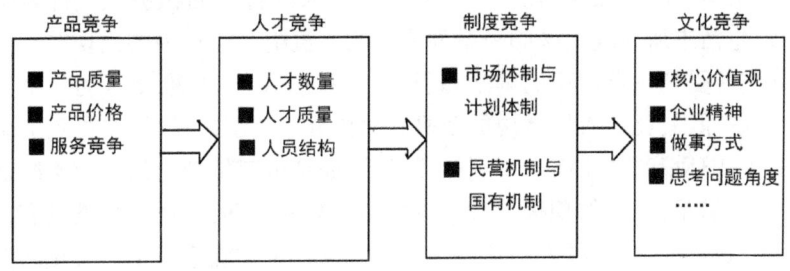

图1-2 企业文化对核心竞争力的影响

企业战略与企业文化密切相关,企业的精神文化影响着企业大部分战略决策,可以简单表述为:一般情况下,企业战略源于企业的精神文化,企业文化是企业战略的基础。具体来讲,企业战略表明企业要达到什么目标,完成什么任务,而企业文化中的精神文化则可用来解释企业为什么制定这样的战略而非其他战略。一个战略能否成功贯彻取决于战略是否寓于企业的员工行为、与其制度文化是否匹配,即要求选择的企业战略与企业文化相一致。

企业文化通常是在一定的生产经营环境中,为适应企业生存发展的需要,首先由少数人倡导和实践,经过较长时间地传播和规范管理而逐步形成的。企业文化作为微观的文化氛围,构成了企业内部的心理环境,有力地制约和影响着企业干部和员工的理想、追求、道德、感情与行为。企业文化对增强企业竞争优势的作用体现在其所具有的功能上,尤其是凝聚功能和激励功能。

(一)凝聚力可以增强员工的团队精神

一个组织的发展离不开学习与创新,而学习与创新又需要以团队精神为依托,如果丧失了团队精神,企业在形成核心能力的过程中就会寸步难行。如果想要实现持续发展,企业应该向自己的客户、竞争对手学习,并且将所学知识用来改进和提高企业的能力。在这一过程中,需要增强员工的凝聚力,培养协作精神,因为只依靠员工个人的力量是无法形成企业的核心竞争力的。另外,根据企业核心竞争力的独占性特征,如果企业的成功因素是由某个员工独自掌握的,那么企业则会很容易失去这一优势。只有将企业的核心能力融于企业的方方面面,才会使企业在竞争中一直保持自己的优势。

(二)激励功能可以提高员工的积极性

所谓员工的积极性,在很大程度上是指人的行为的积极性。行为是人的日常生活中所表现出来的一系列活动的有机组合。行为的出现要有一定的原因,并受到一定因素的刺激和引导,这种引起行动、维持行动并将其导向目标的原因,就是人们常说的动机。动机源于员工的需求,当员工的基本生存、工作环境和物质需求得到保障以后,如果员工精神上的需求不断被激发并得到满足,员工的积极性就可以得到充分的调动,企业文化就具有使企业员工从内心产生一种高昂情绪和奋发进取精神的效应。企业文化所形成的企业内部的文化氛围和价值导向能够起到精神激励的作用,可将员工的积极性、主动性和创造性调动并激发出来,从而促进组织的核心能力的形成和竞争优势的保持。

企业文化是企业所独有的、不可模仿的竞争能力,是企业长期发展过程中形成的企业价值观和经营哲学。企业的竞争优势与企业文化息息相关,企业的竞争优势是在长期的生产经营实践过程中,以特定的方式、沿着特定的技术轨道逐步积累起来的,与企业的组织体系、企业文化密切相关,同时也是难以察觉和模仿的。

第三节 企业文化的载体

企业文化需要依托载体而存在。在本节中,重点介绍文化载体及其内涵、文化载体的类型及常见的企业文化载体这几方面内容。

一、文化载体及其内涵

文化载体是承载企业文化理念的物质、行为和其他东西,是对理念的表达、阐释。文化理念是无形的,是难以触摸的,但是一个企业的文化氛围却可以感受得出来,这就是因为文化载体的存在。文化无孔不入,因而文化载体也无处不在。企业中的一切都可以成为企业文化理念的载体,如企业的CI系统、办公环境、产品和服务、规章制度、典礼和仪式、企业行为、员工行为、企业英雄、典型故事等。

对于企业文化建设来说,载体的意义有两个。首先,当我们了解、总结一个企业的文化理念时,要从载体入手,将载体作为观察、分析的对象。其次,当我们希望将企业文化理念落实、转变为员工和企业的行为时,也应该从载体入手,将载体作为实施、建设的手段和途径。

二、文化载体的类型

优秀的企业文化应该是渗入企业的每一个部门、每一个角落的,应该是体现在员工日常的工作和言行当中的。也就是说,优秀的企业文化应该是无处不在的。面对无处不在且多种多样的文化类型,要对其进行一定形式的分类。

(一)能动性载体与被动性载体

我们去一个企业实地观察和分析它的文化理念时,一般会有一个由浅至深、由易到难的过程。最先接触也是最容易理解的是办公环境、CI系统、产品,这些都可以在企业现场直接看到,以实物形态存在,一目了然;接下来接触的可能是规章制度、企业英雄与典型故事,这些可以从企业的各种媒介上看到,或者在现场从企业人员那里听到,它们的文化含义也还算容易理解;最难的可能是对行为的观察和分析,真实的行为只能在现场进行大量的观察,但即便如此,它的文化含义也不易理解。

如果对以上问题进行深入分析,可以发现造成各个载体差别的直接原因是载体的确定性,以及载体与文化理念的同一性。载体的确定性,指的是载体中所体现的文化含义具有确定性。前两个层次的载体,办公环境、CI系统、产品、规章制度、企业英雄及典型故事,其文化含义都是事先人为赋予的,虽然不同观察者的理解可能会稍有差异,但载体本身的文化含义则是相对固定的。行为载体与此截然不同,你无法事先赋予行为一个特定的文化含义,因为行为的主体是能动的,行为是变动不居的。行为的主体可以选择与企业文化理念保持一致,也可以相反。虽然你可以事先要求或影响行为的主体按企业文化的理念去行为,但肯定无法百分之百地保证行为与文化理念的同一性。这种现象,在企业文化的实践中屡见不鲜,也就是人们常说的两张皮现象,本书称之为行为与文化的背离。行为与文化的背离是企业文化难以有效发挥作用的最大障碍,因而也是企业文化建设的最大难点。除了行为之外,其他载体也会与文化产生背离,其原因大多是对企业文化内涵的理解有误,但这种背离现象并不多见,对企业文化的负面影响相对也小得多,因为毕竟这些载体是被动的,而非能动的。

从这方面来看,载体的能动与否才是造成以上载体产生差别的原因。因此,我们能够据此将企业文化的载体分为两类:能动性载体与被动性载体。能动性载体主要指员工行为,包括企业为客户提供的服务,但不包括典礼与仪式。因为典礼与仪式虽然也是一种行为,但这种行为大多是程序化和象征性的,它给行为主体所留下的能动空间十分有限,所以典礼与仪式基本上也是一种被动性的载体。除了行为之外的其他载体都是被动性载体。能动性载体是我们观察、分析企业文化理念时的重点,也是建设企业文化时的重点。

(二)目标载体与工具载体

企业文化建设的最终目标是影响与改变员工的行为,形成企业适应环境的行为模式,促进企业的可持续成长。在这里,影响与改变员工的行为是关键,也可以说是企业文化建设的直接目标之一。由此,我们又可以把企业文化载体分为目标载体与工具载体两类。目标载体就是行为,它既是企业文化的载体,也是企业文化的目标之一。行为之外的载体都是工具载体,它们本身并非企业文化的目标,而只是实现企业文化目标的工具。这种分类方法给我们的启示有两个,一是在企业文化建设中,要侧重于目标载体;二是在企业文化建设中,要注意工具载体与目标载体的关联性。

(三)外向型载体与内向型载体

内向型载体的影响范围基本局限于企业之内,外向型载体的影响可以扩展到企业之外。一般地,可以把产品、服务和CI系统理解为外向型载体,其余的是内向型载体。外向型载体与内向型载体的界限并非十分明确。当今的各类新闻媒介越来越发达,新闻触角开始延伸到社会的各个角落,而且对企业的关注也趋于增加,所以企业行为、企业的英雄人物和典型故事也有可能成为外向型载体。此外,企业的规模越大,社会影响越大,内向型载体也越有可能转变成为外向型载体。如海尔,各类新闻媒介对其报道很多,因而它的企业行为、英雄人物、典型故事等,在社会上也广为人知。对于内向型载体和外向型载体,并没有像目标载体与工具载体或能动性载体与被动性载体那样,有重要性上的区别。但在企业文化建设中对待二者的方式还是应该有所区别,因为它们的影响范围和对象不同,影响的后果也有差别。前者主要影响企业员工的行为,后者主要影响企业的外在形象。

三、常见的企业文化载体

(一)行为

行为是所有载体中最重要的一种,是唯一的目标载体和能动性载体。行为包括两方面,分别是企业行为和员工行为。企业行为是一种群体行为,虽然其最终实施者仍然是个体的员工,但它主要体现的是企业的意志,个体的意志对行为及其后果无法产生根本性的影响。员工行为是一种个体行为,虽然这种个体行为有时是企业意志的体现,但员工的个体意志有可能对行为及其后果产生根本性的影响。例如,员工按照企业的要求为客户提供售后服务,尽管企业可能有完善的售后服务操作流程和标准,但员工仍然可能不按这些流程和标准去做,由此所产生的后果,即客户对售后服务的感受,可能会有根本性的不同。企业行为则与此不同。以天士力黄陵祭祖为例,这是一个企业行为,个体可以选择不参加,但对这一行为本身及其后果,个体是无能为力的。

员工行为又可以分为管理者行为和普通员工行为,二者的影响不同,与企业行为的关系也不同。一般而言,管理者行为的影响与其在企业中的地位成正比。上文我们提到,在企业行为中,个体意志可能会对企业行为造成根本性影响,不过这样的可能性是非常小的。但这里的个体如果是企业的高层领导,情况就不同了。领导的意志及其决策行为,本身可能就是企业行为的起因。当然,在群体决策的情形下,个体领导者对企业行为的影响会减弱。但不管怎么样,有一点是可以下定论的:管理者行为可以影响甚至决定企业行为。

在企业文化氛围中,员工行为和企业行为所表现出来的含义是不同的。企业行为可以理解成企业的意志,而员工行为既可能是企业的意志,也可能是个人的意志。因此,如果需要观察和研究企业文化,则可以对企业行为进行分析;而如果是对企业文化进行创新建设,则可以研究管理者,特别是高层管理者的行为。

有观点认为,企业文化就是领导文化,这显然是非常极端的说法。因为,文化的一个基本特征就是"文化是共有的,纯属个人私有的东西,不为社会成员所理解和接受,则不是文化"。[①]纯粹的领导文化,来源于领导,并局限于领导,无法成为企业文化,至少无法成为持久的、有效的企业文化。但这种说法表明了领导对于企业文化的重要性,这是毋庸置疑的。因此,要善于通过管理者行为的示范作用来塑造企业文化。

(二)服务

服务是一种产品,也是一种行为。在服务性企业中,服务就是产品;在非服务性企业中,服务是产品的延伸。服务是通过企业员工的行为来提供的,员工行为的优劣决定着服务质量的优劣,决定着客户体验的满意或不满意。从企业文化的角度来看,显然我们更关注的是作为行为的服务,而不是作为产品的服务。服务实际上可以归入行为载体一类,之所以将其单列出来,是因为它的另外一个属性——它是外向型载体,它的影响对象是企业的

---

① 中国大百科全书·社会学[M].北京:中国大百科全书出版社,2000.

上帝——顾客,它是企业能否适应外部环境的关键,因此,它也是行为载体中的重点。

(三)典礼和仪式

典礼和仪式也属于行为载体,并且是企业行为。庆典、仪式历来都是文化的一个重要载体。中国的传统文化能绵延五千年而不绝,与儒家特别重视"礼"不无关系。典礼和仪式本身的庄重、肃穆,可以让参与者感受到一种神圣、虔诚,并由此在观念和精神上受到感染和影响。《论语》中讲"慎终追远,民德归厚"就是此意。典礼和仪式与其他行为载体的不同之处在于,它是一种象征性的行为。

(四)企业代表人物

企业代表人物是企业文化理念的代表者,是企业文化的积极实践者,甚至可能本身就是文化理念的提出者。企业代表人物可以给员工树立一个榜样,对员工的行为甚至思维起到引导作用。最有价值的是,企业代表人物可以让员工感受到企业文化并不只是一种虚无缥缈的观念性的存在,而是活生生的现实。

(五)典型事例

典型事例是将抽象的企业文化理念具体化、生动化,以便于它的流传、理解、接受。一个典型事例一般只寓含、传达一种文化理念。由于许多典型事例与普通员工及其日常行为相关,因此,典型事例易于被普通员工所接受。

(六)规章制度

当企业的规章制度打上文化的烙印之后,也就成了企业文化的载体。在这种规章制度之下,对文化所认同的行为给予奖励,对文化所反对的行为给予惩罚。

(七)CI系统

CI系统是一个很重要的企业文化载体,但它本身也只是一个符号系统,所以一般不会独立存在,而是依附于其他的物质载体,如办公环境、产品等。

（八）产品

产品是一种外向型的物质载体，它可以把企业文化传达给接触产品的人，从而使接触产品的人形成对企业的良好印象，正因如此，优秀的企业产品对企业来说意义重大。

（九）办公环境

一个文化味道很浓的厂容、厂貌、办公空间可以让员工随时随地感受到文化的存在，耳濡目染，自觉不自觉、意识无意识地接受企业文化的熏陶。时间久了，自然会比较容易融入企业文化之中。

第四节 企业文化的系统分析

在了解了企业文化的内涵与理论、企业文化的功能及企业文化的载体之后，下面将对企业文化进行更深层次的系统分析。

一、企业文化系统

文化是与人类社会相伴而生的，因此也可以说企业文化是与企业相伴而生的。只不过，从企业内部来看，有自觉的企业文化和不自觉的企业文化；从企业外部来看，有强势的企业文化和弱势的企业文化。从这两方面来说，所谓的企业文化建设并不是对企业文化进行创造，而是在现有的文化上对企业文化进行完善和变革，同时唤醒或增强企业文化的自主意识。

这样，企业文化建设的一般性步骤可能包括观察、了解、探索现有企业文化，总结、系统化现有企业文化，分析企业环境和内部要素及其与现有文化系统的匹配程度，完善、变革现有文化系统。

企业文化建设的多数工作都是围绕着核心理念来进行的。在观察、了解、探索现有企业文化时，要验证那些企业所宣称的理念是否被多数员工所认同，还要提炼那些企业没有明确但是对多数员工具有实质性影响的理念。在总结、系统化现有企业文化时，实际上就是将企业现有理念（包括前一步骤所明确的新理念）汇集起来，按照一种框架进行梳理，形成一组理念。在分析企业环境及其与现有文化系统的匹配程度时，最主要的也是要分析现有理念是否适应当前企业环境的要求，因为它直接关系着企业文化能否增强企业的"内部结合能力"，并最终实现"适应环境，促成企业可持续成长"。

在完善、变革现有文化系统时,更多的是需要在理念的载体、企业文化的建设途径和措施、完善和变革文化的实施方案等方面做工作,但理念的完善和变革仍然是一项重要的、基础性的工作。

二、企业文化内涵的分析维度

当研究考查一个企业的企业文化时,企业表面的东西是最先被看到的,继续进行深入了解,则会看到企业文化的内涵。关于企业文化内涵的分析维度,具体如表1-1所示。

表1-1 企业文化内涵的分析维度

维度	名称	主题	内涵
维度1	人性	如何看待人性	人的诚实度;是否值得信赖;上进程度;人生的意义与价值;品德修养
维度2	自然	人与自然	和谐共处还是征服自然
维度3	物质与精神	物质与精神	怎样看待物质与精神的关系
维度4	时间	时间观念	过去、现在与未来的关系;长期导向或者短期导向;速度与效率
维度5	企业	企业理念	企业存在的目的;如何实现目的;处事原则
维度6	工作	工作态度	工作的热情;工作是谋生的手段还是实现自身价值的途径
		工作作风	企业所倡导的工作作风
维度7	外部关系	企业与环境	如何适应环境
		外部利益群体	对顾客的态度;对合作者的态度;对竞争者的态度;对社会其他群体的态度
维度8	内部关系	个体与群体	个人主义还是集体主义
		企业与员工	员工与企业的关系;企业对员工的态度;员工对企业的态度
		员工关系	员工间的关系准则;上司对上下级工作关系的看法;下属对上下级工作关系的看法

首先,企业是我们分析的对象,而企业并不是孤立存在的,企业内部是

由人组成的,整个企业又处于社会的大环境当中。因此,人、企业和社会可以看成3个基本要素。这3个要素不是静止不动的,而是能够相互作用和发生关系的。以企业为中心来进行分析考查,可以将这些关系分为企业与人的内部关系和企业与社会的外部关系,而使这3个要素发生关系,将它们联结起来的则是工作。人通过工作走进企业,企业通过工作影响社会。其次,自然、时间与空间、物质与精神是各个层次的文化都要涉及的基本范畴。由此,企业文化内涵的分析维度涉及人、企业、内部关系、外部关系、工作、自然、时间与空间、物质与精神等几个方面。需要进一步说明的是"人"的维度集中在"人性"方面。另外,文化维度中的"空间"一般是指不同的文化对公共空间与私人空间的态度,实质上是一种对人际关系的态度,因此可以用内部关系和外部关系来代替。这样,最终的8个分析维度就是:人性、企业、工作、内部关系、外部关系、自然、时间、物质与精神。

第二章 传统文化与企业文化

> 要想分析我国企业文化的形成与发展,必然离不开对我国传统文化的分析。在本章中,我们对传统文化与企业文化之间的关系进行分析阐释。

第一节 传统文化与企业文化的关系

在本节中,重点介绍的内容包括传统文化与企业管理、企业文化方面的研究进展,介绍传统文化主要是为了以此说明现代企业文化。因此,对传统文化的介绍较为简单。

一、传统文化及其核心内涵

有专家认为,传统文化是对应于当代文化和外来文化而说的。其内容为历代存在过的种种物质的、制度的和精神的文化实体与文化意识。还有专家认为,传统文化就是中国自古以来形形色色的文化现象之总和。[1]在以上观点中,将"传统文化"定义得如此宽泛,几乎无所不包,是因为在这一观点中也对"文化传统"进行了定义。文化传统与传统文化不同,它不具有有形的实体,不可抚摸,仿佛无所在;但它却无所不在,既在一切传统文化之中,也在一切现实文化之中,而且还在你我的灵魂之中。简单来说,文化传统就是民族精神。文化传统是传统文化的核心,它的影响几乎贯穿于一切传统文化之中,它支配着中国人的行为、思想以至灵魂。它是不变的,或者是极难变的。

---

[1] 李海,郭必恒,李博.中国企业文化建设:传承与创新[M].北京:企业管理出版社,2005:23.

在以上叙述中,涉及了与本节相关的两个方面内容:一是传统文化;二是传统文化的核心内涵。

关于传统文化的核心内涵,历来论述者众多。张岱年在《中国文化传统简论》一书中指出,中华民族占主导地位的思想意识,可以称为"中华精神"。它集中表现为"天行健,君子以自强不息""地势坤,君子以厚德载物"。钟明善在《中国传统文化精义》一书中指出,中国传统文化的基本精神可以概括为"以人为本""儒道互补""以和为贵""实践理性"。柴毅龙在《尊道与贵德——中国人的价值观》一书中指出,中国人以"天人合一"为价值目标,以"知行合一"为理想人生,以"情景合一"为审美境界。梁漱溟在《中国文化要义》中列出了传统文化的14个特征,其中的"家庭本位""注重道德"似乎也可算作传统文化的核心内涵。传统文化有优点,也有缺点。对于后者,张岱年从中国传统文化与现代化冲突的角度出发,归结了两条:一是封建特权制度遗留下来的作风,如特权思想、家长制、"一言堂"、个人崇拜等;二是小农经济社会所养成的生活作风,如散漫、迟缓、缺乏时间观念、缺乏效率观念等。[1]

既然传统文化中既有精华,又有糟粕,那么在对待传统文化的态度上也要一分为二:继承和发扬具有时代价值的优秀成分,摒弃和改造不合时代要求的糟粕部分。简单地说,就是扬弃。

二、传统文化与企业文化

在企业文化萌芽之前,人们就注意到了文化与管理的关系。在这方面,德鲁克的说法比较具有代表性,德鲁克认为,管理和文化之间存在很深的关系,管理是一种社会职能,要承担一定的社会责任。成中英更是直接指出,文化、价值与哲学是管理的真正起点,管理就是人的文化、价值与哲学的具体实践。在中国,需要进一步把传统文化与企业管理联系起来。原因其实很简单:第一,人无法摆脱传统文化的影响;第二,企业能够从传统文化中借鉴一些管理内容。

因此,不仅是企业管理,在许多领域,将传统与现代相结合,一直是许多学者的共识。而且,这种结合是"中体西用",是以传统文化为基础的。

南开大学的创始人张伯苓先生就曾经提出过:"整理中国固有之文化,摘其适合于现代潮流者,阐扬而光大之,奉为国魂,并推而广之,以求贡献于

---

[1] 李海,郭必恒,李博.中国企业文化建设:传承与创新[M].北京:企业管理出版社,2005:23.

全世界。"民俗学泰斗钟敬文先生也指出:"在今天,一个民族或者国家,要在世界上生存下去,它必须具有适应时代要求的现代文化。而要建立这种新文化,就必须在自己社会的基础和需要上,在吸取世界进步文化的同时,认真吸取和发扬恢复本国优秀的传统文化,并把它们加以融汇和创造。因为,缺乏以本国优秀的传统文化为基础或要素的新文化的创造,即使是可能的,也是没有多大价值的。这种文化像没有植根土地的浮萍,或者像那没有祖国的流浪儿。"

目前,在融合研究传统文化与企业管理方面内容时,主要有两种思路。第一种思路是直接探索中国传统文化中的管理哲学和管理思想及其在企业管理中的运用。在这方面的文献还是比较多的。此类专著如《中国古代管理思想之今用》(潘承烈、虞祖尧等)、《中华管理智慧》(朱永新)、《中国兵家管理思想》(刘云柏)等。第二种思路是试图建立自己的管理理论体系,系统地借鉴中国传统文化中的管理哲学和管理思想。此类文献如《C 理论:中国管理哲学》(成中英)等。

成中英将中国的五行理论同西方的管理理论相结合,提出了 C 理论。C 理论有外在和内在两个层面的意义。就外在意义而言,C 代表 China(中国)、Change(《易经》)、Confucius(儒家)、Culture(文化)和 Cheng(成中英)。就内在意义而言,C 代表 Centrality(中心)、Control(控制)、Contingency(权变)、Creativity(创新)和 Coordination(协调)。内在意义的 5 个要素与五行是一一对应的关系,具体为:土在五行中处于中心地位,对应"中心";金具有控制性,对应"控制";水具有变动性,对应"权变";木具有创造性,对应"创新";火具有协调性,对应"协调"。这 5 个要素还可以对应企业管理中的 5 种职能部门:"中心"对应决策,"控制"对应行政,"权变"对应市场,"创新"对应生产,"协调"对应人事。将儒、道、墨、法、兵 5 家的管理思想融合到一起,并且将它们分别应用在企业管理中的不同职能领域。道家因其无欲、无知、无名、无为和"生而弗有,为而弗恃,功成而不居"的主张,以及由此而致的整体观使其成为企业管理的决策哲学。法家强调权、势、术及法律、规则的作用,因而可以作为企业管理的领导哲学。兵家强调战略、战术,主张"兵无常势""因敌变化"的权变思想,可以作为市场营销的指导哲学。墨家因其重视实践、创新、节俭、勤劳、团队精神而可以作为发展生产和技术的哲学基础。儒家强调仁爱、修己安人、以和为贵的协调哲学,可以作为人力资源的指导思想。

胡祖光在考查了西方管理学的结构以后,认为在众多的西方管理学派中,有自己严密的逻辑结构的只有两派,一个是法约尔创立的管理过程学派;另一个是明茨伯格创立的经理角色学派。前者从研究管理者处理每一件事的理论过程出发,其结构称为纵向结构;后者从研究管理者所扮演的角色出发,其结构称为横向结构。据此,胡祖光提出,东方管理学从研究管理者在进行管理时必须抓好的重要事务出发,其结构称为立向结构,并从中国传统管理思想和实践中总结出管理的5个要务:纳言、用人、法治、处事、教化。在这5个要务之下,提出了21条东方管理学原理,以下列出每个要务的第一条原理。

纳言总论:以天下之目视,则无不见也;以天下之耳听,则无不闻也;以天下之心虑,则无不知也。

用人总论:贤主劳于求人,而佚于治事。

法治总论:令之以文,齐之以武。

处事总论:公正无私,一言而万民齐。

教化总论:治身,太上养神,其次养形;治国,太上养化,其次正法。

三、传统文化是现代企业文化建设的源泉

在传统文化与企业文化的研究方面,专门的文献并不是很多。实际上,关于传统文化与企业文化,首先要分析两个问题,第一个问题是传统文化与企业文化之间存在的关系;第二个问题是企业文化能够从传统文化当中继承和吸收到哪些内容。关于第一个问题,我们知道,现代文化和传统文化不可能完全割断联系,因此以现代文化为基础的企业文化中也势必会吸收传统文化的内容。关于第二个问题,则正好回答了现代文化从传统文化中吸收了哪些内容的问题。但是,关于第二个问题,目前的理论研究并不是很多。很多企业在实际的管理过程中借鉴吸收了一些传统文化的精华部分,可以说是将传统文化应用于企业管理的实践,但是关于理论部分,仍然任重而道远,需要更多的人去进行这方面的研究。

第二节 企业文化的传统之根

在本节中,通过研究文化对个体行为的影响、传统文化对当代中国人的影响,以及对中国当代企业文化内涵的进一步分析,揭示传统文化对中国企业文化的影响。

一、文化与行为

美国文化人类学家莱斯利·怀特认为,行为是文化的函数。美国心理学家斯金纳也认为,人类绝大多数的行为都是文化的产物。由此看来,文化对于行为的重要影响似乎已成定论。但由于文化与行为的关系是本书的一个重要理论基础,而且其中涉及的几个概念,如价值观、信念、态度、意志、思维等,也将被多次用到,因此,将从行为的产生入手,从心理学方面对二者之间的关系进行分析。

(一)心理学方面关于行为的观点

行为既是心理学概念,也是生物学概念。《中国大百科全书》的心理学和生物学部分都对行为进行了定义和阐释。心理学对行为的定义为"完整有机体的外显活动",并指出"它的基本特征是运动,可以在动物和人身上见到,是由被称之为刺激的外部和内部变化引起的"。生物学对行为的定义为"生物进行的从外部可察觉到的有适应意义的活动",并指出"有少数植物可有明显的行为表现,但行为主要见于动物。行为是动物应付环境变化的一个主要手段。大部分行为既有遗传基础,又有学习成分"。

本书认为,行为是心理活动所表现出来的客观、可观察的反应对象。

20世纪初,以美国心理学家华生为代表的早期行为主义学派认为,行为(R)是刺激(S)的直接反应,可用函数$R=f(S)$表示。他们否认中间的内部过程,主张心理学应该研究那些外显的、具有科学测量意义的行为。华生之后的新行为主义学派对此论点进行了修正,在行为和刺激之间加入了一个中介变量(A),即个体的心理状态,形成$R=f(S,A)$。这两种观点的实质区别在于,华生认为是环境决定了一个人的行为。华生的观点是,如果给他一打健康婴儿,让他在可以完全控制的环境里去培育,他能使任何一个婴儿变成任何一种人物。而新行为主义学派则认为是环境与个体心理共同决定了一个人的行为。显然,后一种观点更能解释行为的产生原因。

20世纪下半叶,心理学家库尔德·勒温在其著作《拓扑心理学》中,用群体动力理论来解释行为。他认为行为是个体内在需要和环境外力相互作用的结果,可以用函数$B=f(P,E)$表示。在这里,$B=$行为,$P=$个体的人,$E=$环境。该公式表明,行为随着个体和环境这两个因素的变化而变化。不同个体对于同一环境可以产生不同的行为,同一个体对于不同环境也可以产生不同的行为。需要注意的是,这里的"环境",不是纯客观的环境,而是个体所感知到的心理环境。

综上所述,行为的产生原因可以归为两类:外部的和内部的。外部的是环境的原因,内部的是个体心理方面的原因。除了直接影响行为之外,个体心理还会影响个体对环境的认知,进而间接影响行为。

(二)文化与个体心理

20世纪五六十年代,西方兴起了一门新的心理学分支——跨文化心理学。它联系文化变量对人类的心理及行为进行系统研究。本书在这一方面,只是从个体心理的一些概念出发,对文化、心理、行为之间的关系进行一个简单的考查。

心理是一个内涵很广的概念,指各种心理现象的总和,包括心理过程和个性心理特征两大类。个性心理特征是在心理过程的基础上形成的,一旦形成又对各种心理过程的实现具有指导意义和影响作用。心理过程包括感觉、知觉、记忆、思维、语言、情绪和情感、意志等。个性心理特征包括动机、理想、信念、价值观、态度等个性倾向性和能力、气质、性格等在个人身上表现出来的本质的、稳定的、经常的心理特征,具体如图2-1[①]所示。

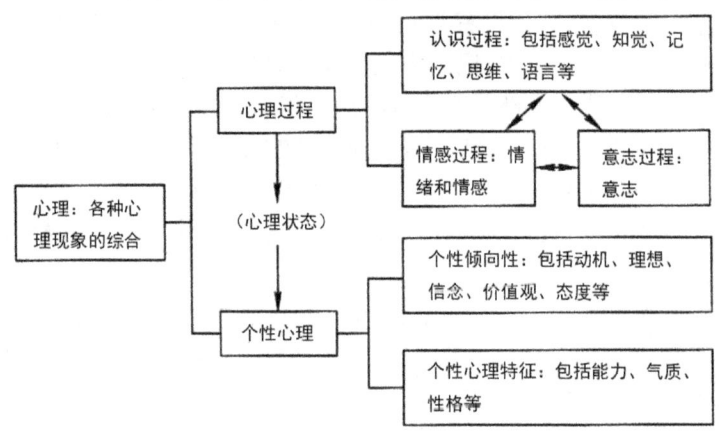

图2-1 心理现象示意

在图2-1中,涉及了各种心理现象,以及文化与它们之间的关系,下面将对这些心理现象与文化之间的关系逐一进行分析。

1.心理过程

人的心理过程是认识、情感、意志过程的统一体,三者相互促进、相互影响、相互渗透。

---

① 郭淑琴.普通心理学[M].北京:中国科学技术出版社,1999:2.

(1)认识过程

感觉是认识过程的初级阶段。感觉包括味觉、嗅觉、听觉、平衡觉等。它是客观刺激作用于感受器官,经过大脑的信息加工活动所产生的对客观事物的基本属性的反映。知觉是人对客观环境和主体状态的感觉与解释过程。二者的区别在于感觉是对事物基本属性的反映,知觉是对事物整体的反映。例如,看到一个物体的蓝颜色是感觉,而看到一本蓝色的书则是知觉。此外,感觉的产生决定于客观刺激的物理特性,而知觉则在很大程度上依赖于主体的态度、知识和经验。在这方面,美国心理学家詹姆斯指出:"知觉的一部分通过感官来自于人们面前的物体,而另一部分(可能是大部分)总是来自于人们自己的心灵。"[1]从知觉的这一个特征可以发现,其中很大一部分是受到了文化的影响。黛布拉·L.纳尔逊和詹姆斯·坎贝尔·奎克在《组织行为学:基础、现实与挑战》一书中甚至明确指出,知觉也是由文化决定的。[2]

记忆是认知过程中对信息的输入、编码、存储和提取,是人脑对过去经验的反映,包括识记、保持、再认和再现4个基本过程。思维是一种更高级的认识过程,它以感觉和知觉为基础,运用分析和综合、抽象与概括等智力操作对感觉信息进行加工,以存储于记忆中的知识为媒介,反映事物的本质和内在联系。思维具有明显的文化特征,在不同文化背景下,人们的思维方式有着明显的不同。例如,中国人长于整体的、直觉的思维方式,而西方人长于还原的、分析的思维方式。此外,思维与语言联系密切,语言是思维的工具,因而有一些学者认为,不同民族的语言带有该民族思维的特点,[3]当然,也会在一定程度上影响该民族的思维特点。

(2)情感过程

情绪和情感是人对事物的态度的体验,是人的需要得到满足与否的反映。一般地,人们常把短暂而强烈的、具有情景性的感情反映视为情绪,如愤怒、恐惧、狂喜等;把稳定而持久的、具有深沉体验的感情反映视为情感,如自尊心、热情、亲人之间的爱等。情感有着不同的层次。例如,与嗅觉、声音、颜色等感觉刺激相联系的简单情感;与饥饿、疼痛等机体感觉相联系的简单情感;基于个体社会经验和文化影响而产生的社会性情感,如道德感、

---

[1] 中国大百科全书·心理学[M].北京:中国大百科全书出版社,2000.
[2] 黛布拉·L纳尔逊,詹姆斯·坎贝尔·奎克.组织行为学:基础、现实与挑战[M].北京:中信出版社,2004:90.
[3] 同[1].

审美感、理智感;表现个人气质的情感,如乐观、生气勃勃等。①情绪和情感受文化影响很大,而且层次越高,这种影响越明显。如道德感、审美感,在不同的文化中差异很大。即使是较低层次的简单情感,也有文化背景的差异。例如,红色可使中国人产生喜庆、愉悦感,但在许多西方人看来,可能会感到恐惧、不安。

(3)意志过程

意志是从产生动机到采取行动的心理过程。人们在意志过程中经常会表现出不同的意志特征(意志品质),并成为一个人性格的组成部分。最主要的意志品质包括自觉性(计划性)、果断性、坚持性和自制力。如同民族性格一样,一个民族的意志品质也有着它自己的特色,因此,这些意志品质本身已经成为文化的一部分。

2.个性心理

(1)个体倾向性

所谓个体倾向性,包括动机、理想、信念、价值观和态度。从总体上来说,文化与个体倾向性的关系非常紧密。

1)动机

动机是一种行为的发起原因,实际上就是个体做一件事的主观动机。动机可以分为内在动机和外在动机。最基本的内在动机是本能,对它的解释,有着鲜明的文化特色。内在动机主要是自己内心的欲望或者想法,如希望得到表扬、实现自身价值等。外在动机更多地来自社会刺激,如名誉、地位、团结、友爱等。外在动机无疑也会受到一个社会的主流文化的深刻影响。

2)理想和信念

理想是人的动机体系的一部分。它是人所向往的、力求实现而又有实现可能的想象。理想与人的个性倾向、信念和世界观密切相关,自然也与文化密切相关。信念是人们对待某人、某事或某种思想的态度倾向。信念本身就是文化的一部分。

3)价值观

价值观是社会成员用来评价行为、事物及从各种可能的目标中选择自己合意目标的准则。价值观被认为是文化的核心,对个体行为具有重要的导向作用。

---

① 中国大百科全书·心理学[M].北京:中国大百科全书出版社,2000.

4) 态度

态度是个体对人、事、物的反应倾向,它的主要特征是评价性,即对一个对象的积极或消极的反应倾向。态度与行为的关系最为直接,但很多时候态度无法完全解释行为。态度与价值观比较接近,而且价值观可以成为态度背后更深层的原因。二者的区别在于:态度是相对具体的、众多的,价值观则超越了具体事物,涉及了抽象的标准和目的,如正义、真理、自由等。

(2) 个性心理特征

个性心理特征包括能力、气质与性格。

1) 能力

能力是一种个性心理特征,它是掌握和运用知识技能的一个条件,并决定活动的效率。能力可以区分为认识能力和操作能力。在能力的形成和发展过程中,素质、教育、实践、理想、信念、兴趣、性格都会对其产生影响。

2) 气质

气质主要表现在心理过程的强度、速度、稳定性、灵活性及指向性上。人的气质有4种最基本的类型:多血质、胆汁质、黏液质、抑郁质,其心理特征各不相同。气质是在人的社会生活和教育条件的影响下形成并且发展的。

3) 性格

性格是人对现实的态度和行为方式中比较稳定的心理特征的总和。它由许多的性格特征构成,大体可以概括为4类:对自己和对现实的态度的性格特征,如忠实、勤劳、谦虚、自私、狡诈、自信、自卑等;性格的意志特征,如目的性、纪律性、果断性等;性格的情绪特征,如热情、冷漠、乐观、消沉等;性格的理智特征,如倾向于整体或分析的观察方法、思维的敏捷性和逻辑性等。

(三) 文化与环境

环境是理解行为的另一个维度。我们所要考查的是企业中的人的行为,所以相应的这里的环境也是企业中的人所面临的环境。专门研究环境与个体心理、行为的环境心理学将环境分为物理环境和社会环境。物理环境指建筑设计、个人空间、噪声、颜色、空气污染等。我们这里的环境虽然也包括物理环境,但重点是社会环境。影响企业中的人的行为的社会环境,应该包括组织、工作团队、家庭、工作特性等因素。

关于文化对环境的影响,可以从两个方面来说明。

第一,文化本身与环境是无法分割的,只要有人存在,便会出现文化,几乎所有的环境因素中都可以找到文化痕迹。组织、工作团队、家庭的实质是规模不等的人的群体。个体在进入这些群体中时,本身就带有文化自身的背景,而且在这些群体中还会产生群体文化。即使在物理环境中,也存在着文化的影响。例如,不同文化群体中,人们对颜色的偏好、对个人空间的理解都存在一定差异。

第二,文化对行为决定中的环境的影响,还在于文化可以影响个体对环境的认知。我们知道,个体心理会影响个体对环境的认知。对环境的认知,主要通过知觉和思维完成,而文化对个体的知觉和思维会产生重要的影响,因此,也可以说,文化影响个体对环境的认知,使客观环境变形为个体眼中的心理环境。对于相同的环境,不同的人会做出不同的判断,虽然可能是多种因素的结果,但显然也有文化背景的影响。例如,对于比自己年龄大很多的人,即使没有血缘关系,中国人一般也会以"爷爷""奶奶"来称呼,如果直呼年长者的名字,会被认为不礼貌,而在一些欧美国家,如果没有血缘关系而称呼"爷爷""奶奶"之类的,会被认为是没有分寸感,会被认为冒犯了别人的隐私界限。

(四) 文化、个体心理、环境与行为

关于文化、个体心理、环境与行为之间的关系,可以用图2-2来表示。

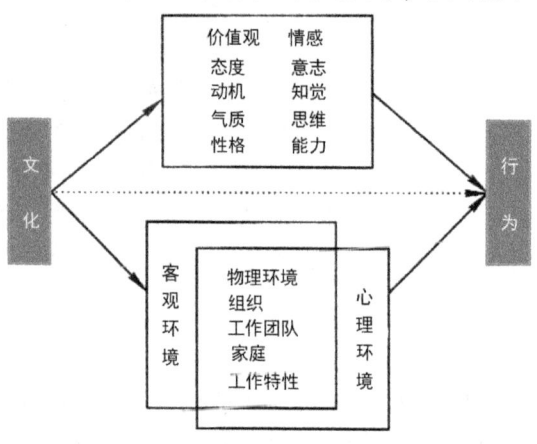

图2-2 文化与行为的关系

从图2-2中可以看出,文化影响个体心理、环境及个体对环境的认知,进而对个体行为产生重要影响,这种重要影响可能会贯穿人的一生,对人的方方面面造成影响。

二、传统文化对当代中国人的影响

明确了文化对个体行为有何影响之后,我们就能够以此为基础来分析传统文化对中国当代社会的影响,在此基础上再继续深入分析传统文化对当代企业的影响。在这里,我们从3个角度来分析传统文化对当代中国人的影响,分别是传统的力量、当代中国文化的构成部分及传统价值观的变迁。

(一)传统的力量

传统对人的影响是很大的,关于这方面的观点有很多,以下介绍两种观点。

希尔斯认为,无论一代人多么有才干,多么富有想象力和创造力,无论他们在多大的规模上表现得多么轻率冒失和反社会道德,他们也只是创造了他们所使用的和构成的这一代的很小的一部分东西。他们的所作所为、所思所想,除去其个体特性的差异之外,都是对他们出生前人们就一直在做、一直在想的事情的近似重复。人的创造力很有限,而真正的创造又需要靠传统的构架才能进行。

庞朴认为,经过了一个多世纪的代价巨大的社会实验,中国人终于懂得了一个真理:未来的陷阱原来不是过去,倒是对过去的不屑一顾。就是说,为了走向未来,需要的不是同过去的一切彻底决裂,甚至将过去彻底砸烂,而应该妥善地利用过去,在过去这块既定的地基上构筑未来大厦。如果眼高于顶,只愿在白纸上描绘未来,那么,所走向的绝不会是真正的未来,而只能是过去的某些最糟糕的角落。这里所要讨论的"过去",当然不是纯时间的范畴。在社会、文化的意义上,过去主要指的是传统,即那个在以往的历史中形成的、铸造了过去、诞生了现在、孕育着未来的民族精神及其表现。

关于传统的力量源泉,似乎在于文化的一个基本特性:文化是一个连续不断的动态过程。但是在变化中又保持着一定的稳定性,这种稳定性将所谓的变化联系起来,使得文化不会因为变化而出现断层,历久不衰。传统的力量在民俗中体现得更为透彻。例如,在传统习俗中,孩子是要随父姓的,而法律中规定孩子随父姓母姓均可,可是在现实中,随母姓的情况少之又少,绝大部分人依然按照传统习俗让孩子随父姓。传统文化的这种力量,似乎可以使我们主观地做出一种判断:传统文化对当代中国人依然有着不可忽视的影响力。梁漱溟在《中国文化要义》中总结了传统文化的14个特征,其中之一就是"历久不变的社会、停滞不进的文化"。

(二)当代中国文化的构成部分

在如何界定现如今中国文化构成这方面,大部分的学者看法相似。马丁·怀特认为中国当前的文化结构有3种成分,分别是中国传统文化、马克思主义和毛泽东思想、西方文化。马戎也持有类似观点,并用黄色文化、红色文化和蓝色文化来分别表示这3种文化成分。邴正认为当前的中国文化是一个4种文化相互融合、碰撞、冲突的矛盾体,由古代传统文化、现代革命文化、外来文化、新生文化四大板块构成。刘东超提出在当代中国文化中,"既有数千年古典文明积淀下来的因素,也有20世纪内外斗争及革命建设留下来的成果和教训,更有改革开放之后创造的巨大财富及从国外涌进来的大量成分"。可以看出,最后两种观点也是相近的。

无论是以上哪种观点,从当代文化的来源方式上来看,都可以分为两种,一种是本土继承;另一种是对外来文化的吸收。当然,无论是继承还是吸收,都是有选择性的,留下的都是优秀的和合适的部分。在选择性的继承和吸收的基础上,还有发展和创新。

这样,传统文化对当代中国文化的影响可以从以下几个方面体现出来。

首先,当代文化从传统文化中继承了一些东西,或者说,传统文化中的一些东西延续到了当代。

其次,传统文化对革命文化也有影响。从来源看,革命文化也是在吸收外来文化和继承传统文化的基础上形成的。马戎在谈到中国红色文化产生和发展的特点时指出,革命文化与中国传统文化在某些核心观念上有接近之处,如对组织和领袖人物的"忠诚"观念,与传统文化的"忠""孝"观念;再如,分配方面的平均主义与传统文化的"不患寡而患不均"等。由此可见,传统文化的影响之深远。

最后,在吸收外来文化时,传统文化会起到一种过滤的作用。也就是我们前面所说的,对外来文化的吸收是选择性的吸收,而进行选择的标准正是传统文化。

(三)传统价值观的变迁

价值观是文化的核心。从传统价值观的变迁中,也能反映出传统文化的变革及其在当代中国的影响力。

罗基奇认为,价值观分为终极价值观和工具价值观两类。

终极价值观反映了所要达到的目标或者存在的终极状态,又可分为社会性价值观和个人性价值观,如世界和平、家庭和谐、友谊、快乐、成就、自尊、自由、智慧等。

工具价值观反映了达到目标的手段,又可分为道德价值观和能力价值观,如诚实、勤奋、责任、宽容、服从、勇气、理性、能力等。

民族性格与民族文化可以被视为一个问题的两个方面,而价值观又是民族文化的核心,因此,民族性格可以反映价值观。

根据以上描述可以发现,我国的传统价值观更贴近工具价值观,如我国古代的很多典故事迹都可以体现出工具价值观的特征。例如,"尾生抱柱"体现了我国古人信守约定的信念,"人生自古谁无死,留取丹心照汗青"体现了在民族大义面前舍生取义的气节,而士大夫"为天地立心,为生民立命,为往圣继绝学,为万世开太平"的思想观念则反映了其以天下为己任的责任和使命。

现代人在继承了传统文化中的优秀部分之后,也吸收了外来文化,所以现代人的处事方式中既有传统文化的特征,也有现代文化的内容。例如,古代人以家族观念为重,重视的是整个家族团体的利益,为此甚至可以牺牲个人利益,而现代人更加注重小家庭的幸福和谐,注重自己的内心感受。又如,古代人尊重师长,讲究对师长的顺从,现代人在继承了古代尊师重道基础的同时,也敢于追求自己的人格平等,敢于提出质疑。

从上文可以看出,现代人在继承了古代文化优秀部分的同时,也吸收了外来文化的优秀部分,这对社会发展来说无疑是有利的,对企业管理也是如此。但是,文化在传承的同时,也有一些不合理的部分,虽然没有被特意保留,却仍然流传了下来,这部分文化虽然需要剔除,但是根深蒂固,非一朝一夕可以改变的,这种文化对企业发展是不利的。例如,有些企业会歧视女性员工,究其原因,除去当代社会的一些现实因素外,传统的男尊女卑观念也是导致这种歧视的原因之一。

三、传统文化对当代中国企业文化的影响

通过分析发现,文化对个体行为有着重要影响,传统文化对当代中国人的行为有着重要影响。以此为基础,我们从两个方面阐述传统文化对当代中国企业文化的影响,具体包括传统文化对企业文化影响的推断、传统文化对当代中国企业文化的实际影响。

(一)传统文化对企业文化影响的推断

传统文化对企业文化的影响,可以从内外两个角度来分析。从外部的角度来看,企业文化是一种亚文化,属于一个更大的文化系统,也就是当代中国文化。传统文化是这个文化系统的一个重要构成成分,对当代中国文化有着重要影响,因而可以推断,传统文化对处于当代中国文化系统中的企业文化也有重要影响。从企业内部的角度来看,企业文化的内涵是以价值观为主的一组理念,在这些理念形成和发展过程中,企业中的少数个体,主

要是高层管理者的价值观和行为起着关键性作用;企业文化最重要的目标是运用这些价值观和理念,引导、改变企业员工的行为,形成企业特色的行为模式。

另外,我们知道,传统文化对当代中国人的价值观和行为依然有着重要影响。也就是说,传统文化对当前中国企业中个体的价值观和行为,包括高层管理者和普通员工,都有着重要影响,因而可以推断,传统文化通过企业中的个体对当前的企业文化产生重要影响。

(二)传统文化对当代中国企业文化的实际影响

我们已经得出结论,传统文化对当前的企业文化有着重要影响。我们通过企业的理念文化进行分析,来验证这个结论。

在分析之前,需要先对两个问题加以说明。

第一,如何界定"影响"。我们要分析的是传统文化对企业文化内涵的影响,怎么样算是有影响呢?如果在企业文化的建设中有意识地运用了传统文化的思想或观念,当然可以算作是有影响的。但问题在于,有些企业的文化内涵中,可以看得出与传统文化有相近之处,如方太厨具的"让家的感觉更好",明显地与传统文化中的"家庭本位"观念是相近的。但我们无法得知,企业在形成这一理念的过程中,是有意识地借用了传统文化中的这种观念;还是知道这种观念,但没有意识到它是一种传统文化观念;或者这种理念的形成是基于其他原因,根本就与传统文化无关,所谓相近只是一种巧合。鉴于上述考虑,我们对"影响"的界定是:如果某一个关键词在传统文化中可以找得到与其含义相近的词、句,就可以认为是有影响的。由此来看,所谓的传统文化对企业文化的影响,实际上称为传统文化与企业文化的相通之处更为贴切。其实,我们讲在进行企业文化建设时,要借鉴传统文化中的优秀成分,最根本的原因之一就是传统文化的某些思想、观念与当前企业和企业环境的要求是相通的。

第二,传统文化有典籍文化与世俗文化之分。典籍文化是通过《论语》《老子》等书中所体现出来的,世俗文化是体现在现实生活中的文化。二者可能有些差别,甚至是截然不同的。显然,世俗文化更接近古代的真实文化,与大众的关系也更为密切。但是,在这里我们以典籍文化为切入点,因为典籍文化的意义在于提供一种理想、一种目标。这两者都是我们所需要的。

根据以上两种界定进行分析,我们可以发现,企业文化大部分都离不开进取、创新、团队、诚信、学习、尚贤等观念内容,而关于这些内容,都可以在传统典籍中找到依据。关于进取,有"天行健,君子以自强不息";关于创新,有"苟日新,日日新,又日新";关于团队,有"人之生,不能无群";关于诚信,有"言必信,行必果";关于学习,有"学而时习之,不亦说乎";关于尚贤,有"有能则举之,无能则下之"。从这可以看出,我国现代企业文化受到传统文化的影响确实非常深远。

第三节 植根传统文化的中国企业文化建设

既然传统文化对中国企业文化有重要影响,那么,对这种影响要采取何种态度?在本节中,就介绍关于这方面的问题。

一、继承和发扬传统文化的意义

继承和发扬传统文化,最具功利性的一个原因当然是传统文化仍然具有其积极意义,或者说时代意义。也可以笼统地说,像许多人、许多文章所说的那样:东亚儒家文化经济圈的成功表明传统文化对现代经济建设具有积极意义;日本企业界对中国传统文化推崇备至,受益良多;西方工业文明的发展遭遇本身无法克服的障碍,必须与中国传统文化等东方文化进行融合等。

但继承和发扬传统文化,最根本的原因在于它是中国之根,是中国人之根,也是中国企业文化之根。不管人们喜欢不喜欢,愿意不愿意承认,人们总是生活在传统中。过去是,现在是,将来也是。①正如庞朴所言:"正像肉体超不出皮肤一样,个人意志超不出文化传统之外……某一个人也许能做到脱胎换骨、洗心革面,跳出三界外,彻底决裂于传统;整个民族却无法做到。"所以,我们要探讨的,应该是如何继承和发扬传统文化,如何对传统文化进行"创造性转化"。也就是说,继承和发扬传统文化是必然的。

二、当前企业文化建设中的传统之根

虽然继承和发扬传统文化是必然的,但是继承和发扬哪部分传统文化,则是需要经过思考的。在此,从两个方面来思考这一问题。

第一,根据企业文化内涵的分析维度可以发现,在企业文化建设中,要继承和发扬传统文化,就是看一下传统文化如何回答关于企业分析维度的

---

① 李海,郭必恒,李博.中国企业文化建设:传承与创新[M].北京:企业管理出版社,2005:107.

问题。

第二,继承和发扬传统文化中符合当前企业环境要求的内容。企业文化的最终目标是帮助企业形成适应企业环境的行为模式,促成企业的可持续成长。因此,在企业文化建设中,对传统文化的继承和发扬要以当前企业所面临的外部环境为导向,要看传统文化对企业维度的回答是否符合当前企业环境的要求。

从这两个角度出发,将当前企业文化建设中,应该继承和发扬的传统文化相关内容列出,如表 2-1 所示。

表 2-1 中国企业文化建设的传统之根

维度	名称	主题	内涵	传统文化相关内容	出处
1	人性	如何看待人性	人是否诚实且值得信赖	人而无信,不知其可也	《论语·为政》
2	自然	人与自然	和谐共处或征服自然?	天地与我并生,而万物与我为一	《庄子·齐物论》
3	物质与精神	物质与精神	物质与精神的关系	先义而后利者荣,先利而后义者辱	《荀子·荣辱》
4	时间	时间观念	过去、现在与未来的关系	子在川上曰:逝者如斯夫	《论语·子罕》
4	时间	时间观念	长期导向还是短期导向	兵贵胜,不贵久	《孙子兵法·作战篇》
4	时间	时间观念	速度和效率	周虽旧邦,其命维新	《诗经·大雅·文王》
5	企业	企业理念	企业存在目的;如何实现目的;处事原则	仁人之所以为事者,必兴天下之利,除去天下之害,以此为事者也	《墨子·兼爱中》
6	工作	工作态度	工作的苦乐;工作是谋生的手段还是实现价值的途径	今人与此异者也,赖其力者生,不赖其力者不生	《墨子·非乐上》
6	工作	工作作风	企业倡导的工作风格		

续表

维度	名称	主题	内涵	传统文化相关内容	出处
7	外部关系	企业与环境	如何看待且适应环境		
		外部利益群体	顾客	地势坤,君子以厚德载物	《周易·坤·象辞》
			合作者	兼相爱,交相利	《墨子·兼爱中》
			竞争者	君子和而不同	《论语·子路》
8	内部关系	企业与员工	企业与员工的关系	天下之本在国,国之本在家,家之本在身	《孟子·离娄上》
			企业对员工的态度	有能则举之,无能则下之	《墨子·尚贤上》
			员工对企业的态度	令之以文,齐之以武	《孙子兵法·行军篇》
		员工间关系	关系准则	己所不欲,勿施于人	《论语·颜渊》
			上司如何处理上下级工作关系	为政以德,譬如北辰,居其所而众星拱之	《论语·为政》
			下级如何处理与领导的关系	居处恭,执事敬,与人忠	《论语·子路》

在人性维度上,传统文化中的诚信、自强不息、修齐治平等观念对企业员工树立积极的人生观、价值观、世界观仍然有很大的价值。在自然维度上,传统文化中天人合一的思想与当今可持续发展方向正好一致。在物质与精神维度上,义利观是传统文化中的一个重要内容,它在不同历史时期也有变化,但基本上还是先义后利,或义利并重,在现代企业中,将义说成是职业道德更加贴切,即员工可以将利益放在第一位,但前提是不能违背职业道德,例如,员工可以因为另一家公司的待遇更好而跳槽,但是却不能以泄露之前所在公司的秘密来换取新公司的信任。在时间维度上,传统典籍文化中也有注重速度和创新的相关内容,值得提倡。在企业和工作维度上,传

文化很少或基本没有相关内容。但是在当今企业社会责任日渐增加的趋势下，传统文化中"兴天下之利"的抱负还是可以借鉴的。此外，"赖其力者生"的观念也可以用来表达勤勉的工作态度。在外部关系维度上，传统文化中的厚德载物、兼爱互利思想有一定的指导意义。在内部关系维度上，内部关系也就是群己关系和人际关系，是中国传统文化的长处，敬业乐群、积家成国、推己及人、和而不同等思想完全可以作为当前处理企业与员工、员工之间关系的准则。

第三章 传统文化精神与企业文化案例

> 中国传统文化精神对于企业文化有着巨大的影响,并已经深深浸透到了企业文化中去,因此,研究传统文化精神将有助于深入了解企业文化,促进企业文化的建设。在这里,将详细介绍自强不息、人本精神、见利思义、忧患意识和天人合一5种传统文化精神及与之相关的企业文化案例,力求为企业文化建设奉献绵薄之力。

第一节 中国传统文化精神——自强不息

一、自强不息概述

自强不息一词来自于《周易》。在《周易》中,乾卦代表天,乾卦象辞说:"天行健,君子以自强不息。"这句话的意思为:人们应学习上天的刚健精神,坚持提升自身的修养、增强自身的力量。具有自强不息精神的人,就是积极投身于现实,正视现实,努力进取,有所作为。

自强不息是我国优秀传统精神品质之一。我国的传统文化提倡人们在现实生活中应当有所追求、有所向往,人这一生应当不惧艰难地追求崇高理想,不断开拓人生新的境界。在追求理想的过程中,人们的情操会得到熏陶,精神境界会得到不断提升,气质会得到培育。这一过程,实际上也是人们享受生命的过程。换言之,自强不息的过程就是一个快乐的追求完美人格的过程。正因为此种崇高的追求,人们才能够在求索的历程中,"发愤忘食,乐以忘忧,不知老之将至"(《论语·述而》)。

自强不息,是一种在面临困境时坚守信念、勇往直前、永不气馁的精神。荀子在《天伦》中说:"大天而思之,孰与物畜而制之?从天而颂之,孰与制天命而用之?望时而待之,孰与应时而使之?因物而多之,孰与骋能而化之？思物而物之，孰与理物而勿失之也？"此处的"制天""理物""应时"等词汇，均反映出人直面无情自然的高贵勇气，这也正是对中国自强不息精神的生动阐述。

只有在身体力行的实践中，自强不息的精神才能得到培育与展现。孔子终其一生都在宣扬儒家的思想和观念，尽管到处碰壁，但仍然以自身的切身实践来传播其思想主张，就如《论语》中所说："士不可以不弘毅，任重而道远。"孔子等儒家学者提倡"内圣""外王"，即一个人要通过不断的学习与修养，形成高超的能力和高尚的道德水准，进而达到"内圣"。此外，人们还需要积极参与社会实践，建功立业，通过自身所成就的事业来实现人生的价值，只有将"内圣"与"外王"二者有效结合起来，才能算得上是完美的人生。"身修而后家齐，家齐而后国治，国治而后天下平。"（《礼记·大学》）这句话所描述的正是这样一条道路。纵观中国数千年的历史，自强不息精神在关乎中华民族存续上起到了极为重要的作用，因而需要我们继承并将其发扬光大。

自古商场如战场。在战场上，没有永远不败的将军，商场上也没有稳赢不赔的企业家。当企业在经营管理方面遇到困难时，不轻言放弃、不气馁是一个优秀企业家基本的心理素养之一。也可看作是自强不息精神的基本表现。企业的发展没有顶峰，事业的追求永不停滞，企业家与企业远离小富即安的心态，不断维持着一种奋力进取的精神状态，才是充满生机和希望的。这也可以看作是自强不息精神在较高层次上的一种表现。企业是社会中的组织，企业家是社会中的精英，二者若是能够不断打破自我的局限，不断超越自我，不再纯粹为了个体，而是为了整个群体、社会经营和管理，那么，在精神境界上，就实现了从"小我"到"大我"的进取。这可看作是自强不息精神在更高层次上的一种表现。

二、清华同方：自强不息 [①]

清华同方股份有限公司是由清华大学出资成立的高科技上市公司，于1997年6月成立并在上海证券交易所挂牌交易，于2006年5月，更名为同方股份有限公司（以下简称"同方"）。截至2016年，同方总资产已超过570亿元，年营业收入近300亿元。同方坚持走产学研结合之路，紧密依托清华大学的科研实力与人才平台，定位于多元化综合性科技实业孵化器，致力于中国高科技成果的转化和产业化。沿着"技术+实业、金融+资本"的产融互

---

① 资料来源：www.thtf.com.cn。

兴的发展战略,同方形成了"以科技产业为主导,以创新体系和金融体系为两翼,创新研究院和金融平台建设支持促进科技产业发展"的"一主两翼"战略格局,通过融合产业运营、科技孵化和金融资源,实现共享、共创、共赢的科创融生态圈。

同方是清华大学企业集团控股的高科技企业。秉承"自强不息、厚德载物"的清华文化精髓和勤奋务实的作风,将企业文化与校园文化相结合,形成了同方的新型现代企业文化:"承担、探索、超越、忠诚、责任与价值观等同。"其中的前三点正是同方对"自强不息"精神的最新诠释。多年来,同方一直保持着销售收入和利润的快速增长,在短短20年时间里,总资产增长了近百倍,这是全体同方人共同努力的结果,这也从侧面反映出文化理念的关键作用。所谓"承担",同方强调的是"承担责任,认准目标,认真负责做好每一件事情";所谓"探索",强调的是创新的精神和针对企业发展及共同目标的不断变革;所谓"超越",强调的是"不断超越自我,永远改正错误,打破成功的束缚"。

在探索科技成果产业化的过程中,在充分释放人才潜能的过程中,同方的管理文化起到了关键的作用。例如,"大型集装箱检查系统"的产业化,基于直线加速器的大型集装箱检查系统,是清华大学工程物理系承担的国家"七五""八五"重点项目。在李岚清同志的直接关心和指示下,同方承担起了此项目的产业化工作。以原技术项目主要负责人为基础,成立"清华同方核技术公司",完全依照项目的前景和产业化需求投入资金,同时以市场的标准考核产业化进程,以企业的运行机制建立管理体系。在最初的5年时间里,大型集装箱检查系统从一个科研成果快速转变为多系列、高品质的自主技术产品,应用于国内13个海关口岸,并在2001年出口澳大利亚,打开了国际市场。民用核技术公司也从一个仅有6人的小团队,发展成拥有300多人和一流技术、一流基地、一流管理的高科技公司。在2001年年底,为使这个公司拥有更加广阔的平台和发展空间,也为公司员工能够从公司的发展中获得更多的利益,同方对其进行了分拆,独立注册为"清华同方威视技术股份有限公司"。

如今,威视系列安全检查产品以其世界领先的技术水平和完善的售后服务体系,已广泛应用到民航、海关、城市轨道交通、铁路、公路、港口和法院等重点安防机构。产品遍布中国各省市自治区及澳大利亚、英国、挪威、韩国、阿联酋、南非、委内瑞拉等五大洲150多个国家和地区。作为全球领先的安检系统专业供应商之一,同方威视已得到全球客户的广泛认可。作为安检设备和安保服务的总承包商,同方威视为"一带一路"国际合作高峰论坛、"九三阅兵"、博鳌亚洲论坛、世界互联网大会等重要国际会议和活动,提供了全部的安检产品和服务。2016年杭州G20峰会期间，同方威视作为安保服务总承包商，为整个峰会提供了近500名安检和维护人员、6200套安检设备和防爆器材，为2万多名公安干警提供了专业培训。在海外，同方威视为米兰世博会、阿斯塔纳专项世博会、美洲首脑峰会、巴西世界杯、里约奥运会、索契冬奥会、温布尔登网球公开赛提供了高质量的安全保障。在第七届美洲首脑峰会期间，同方威视提供了全部安检设备和服务，用高科技安检产品见证了奥巴马和卡斯特罗的世纪握手。

此外，为更好地实现技术创新和技术孵化、产业化，同方还摸索出一套独具特色的创新孵化体系，通过极为生动的产业实例与每年一个新台阶的优秀业绩，为员工树立"大事业"的思想和不断攀登、不断创新的意识。在工作中，使员工真正意识到自身所从事的不仅仅是单纯的技术研发、成果转化或是市场推广活动，而是对企业、产业甚至国家均具有重要意义的工作。此意识一旦形成，就会将人的潜力充分发挥出来，共同价值观才能在员工中得到巩固与发展。

正是清华的"自强不息、厚德载物"精神，影响了同方的创业者和领导者，影响了同方的文化理念。清华的精神就是要做第一，要精益求精，而同方作为清华的一个产业，为自己的未来发展树立了同样的目标，即创世界一流高科技企业。更加具体的标准，就是拥有世界一流的自主核心技术，拥有世界一流的企业管理体系，拥有世界一流的坚实产业资本等要素。如今，同方内部每一位员工都以"中国第一、世界一流"为目标，在其形成的企业文化的基础上，同方在各方面的工作，如财务管理工作、人力资源工作、企业管理工作、企划工作，均在朝着"中国第一、世界一流"的目标前进。

同方经过这20年的发展壮大，已经形成了自己的支柱产业。目前，同方旗下拥有电子信息产品、智慧城市、互联网服务、公共安全、工业装备、照明、节能环保、医疗健康等与国计民生密切相关的主干产业集群，以及与产业配套的具全球化生产和研发能力的科技园区。并且，已在全球20余个国家和地区设立了分支机构与研发生产基地，源于"中国智造"的技术、产品和服务遍及五大洲100余个国家与地区。要想管理好这样一个日益庞大的集团型企业，需要一种凝聚力很强的企业文化作为基础，而同方文化在同方的经营和管理过程中，以事实证明了其强大的感染力和凝聚力。同方在20年时间里取得了令世界瞩目的成绩，随之而来的更高更远的目标已经深深烙印在同方每一位员工的心中，"世界一流"的目标可以说是同方文化经过这么多年的发展和其内涵的不断充实的必然结果。而在以后的发展中，同方文化依然是公司发展的坚实后盾，是同方培养创新成果和新的竞争力的基础，在技术和资金的背后，文化是同方未来发展的潜移默化的动力所在。

第二节　中国传统文化精神——人本精神

一、人本精神概述

人本精神,就是要以人为根本,对人尊重和推崇,这是我国传统文化精神之一。中国古时候的人本精神与文艺复兴以来西方所提倡的"人本主义"不同,它没有过度强调个体的独立性,而是提倡个体与群体的统一,既注重个体的主体价值和作用,还主张推己及人,将个体融入和谐的集体之中。

孔子给"仁"所下的定义为"爱人",即人是一切的核心,人生来就具有爱与被爱的权利。孔子还主张"为仁由己",即人要自己去实现"仁"。他的这些论述均体现出儒家对作为个体的人的重视与尊崇。另外,他还强调"己所不欲,勿施于人"。即人要由自己的感受出发推想他人,不要把自己不喜欢的事情强加到他人身上,这些均体现出儒家从社会和谐的角度出发,对个人的自由做出了限定。既主张个体的自主性,又要求对个体的自主性进行适当的限制,这就是我国古代人本精神的两个重要方面。孔子讲究以仁的观念来统一人们的思想意识,正是要达到人们相互尊重与敬爱的理想境界,是对人的价值和尊严的高度肯定。

人本精神,就是肯定人在社会与自然中的中心地位,注重人的生命的意义和主体价值。人本精神在古时候各个思想流派中均有所表现,其中儒家学说对人本思想的论证最为充分。孔子的仁学思想就充分表现了人本精神,为实现人人亲仁,孔子主张"己欲立而立人,己欲达而达人"(《论语·雍也》),即要从帮助别人的过程中使自己的人格得到完善。从一定的角度来看,孔子思想中的这种人本精神,与墨家提倡的"兼相爱"思想有着相似之处。荀子吸取了孔子的"仁爱"思想和墨子的"兼爱"思想中的人本精神,提出了"爱人""爱民"的思想,他认为从"爱人"的角度来说,爱是私人化的,是分层次和有限度的,而从"爱民"的角度来说,爱是普遍的和无限的。

我国传统文化中的人本精神还体现在民本思想之中,上文中所提到的荀子的"爱民"思想实际上就是这种民本思想的具体表现之一。儒家学者强调"民为邦本",人民是国家政治的基础,民如水,君为舟,民可载舟,亦可覆舟,这些均是古代民主思想的萌芽。在古代的儒家学者中,孟子对民本思想的发展起到了较大的推动作用。孟子格外重视"民众"的伟大作用,他认为"民为贵,社稷次之,君为轻"(《孟子·尽心下》)。在他看来,人民比江山社稷更重要,而社稷比君王更重要,与人民相比,君王的重要性要差很多。而且孟子认为残暴的君主,人民应当推翻他,这是消灭"独夫",不是篡弑,是在除害,这是很大胆的论断。中国传统文化中的人本精神对于当代社会和国家的治理,政府和企业的管理依然有着启示作用,因为所有的机构或企业,只有坚持人本精神,才能够获取长远的发展动力。

人是企业之本。从资源方面来看,人是企业最重要的资源;从管理方面来看,一切管理最终均要落到人的管理上来。社会的发展,使人的生存条件和生存环境不断得到改善,组织中人的需求,层次在提升,并展现出多样化的特征,人的管理难度增大了。知识经济时代的到来,使得人们在创造财富的过程中,能够发挥出更大的作用,对企业的竞争优势也更加具有影响力,人的重要程度大大提升了。这样一来,过去的以事、以物为中心的管理,必须转到以人为中心的管理上来。这种转变,不仅是将人事部门改为人力资源部门就能够实现的,它需要从根本上树立"以人为本"的管理理念,理解人,尊重人,培养人,成就人。总而言之,人本身就是目的,而并非工具。

二、万科:自我实现[①]

万科企业股份有限公司(以下简称"万科")成立于1984年,经过30余年的发展,已成为国内领先的城乡建设与生活服务商,公司业务聚焦全国经济最具活力的三大经济圈及中西部重点城市。截至2016年,公司总资产超过8306亿元,净资产为1134亿元。2016年公司首次跻身《财富》"世界500强",位列榜单第356位;2017年再度上榜,位列榜单第307位。

万科始终坚持为普通人提供好产品、好服务,通过自身的努力,为满足人民对美好生活的各方面需求,做出力所能及的贡献。公司的核心业务包括住宅开发、物业服务、租赁住宅。在住房领域,万科始终坚持住房的居住属性,坚持"为普通人盖好房子,盖有人用的房子"。2018年,公司将自身定位进一步迭代升级为"城乡建设与生活服务商",所搭建的生态体系已初具规模,在巩固住宅开发和物业服务固有优势的基础上,业务已延伸至商业开发和运营、物流仓储服务、租赁住宅、产业城镇、冰雪度假、养老、教育等领域,为更好地服务人民美好生活需要、实现可持续发展奠定了良好基础。未来,万科将始终坚持"大道当然,合伙奋斗",以"人民的美好生活需要"为中

---

① 资料来源:www.vanke.com。

心,以现金流为基础,深入践行"城乡建设与生活服务商"战略,持续创造真实价值,力争成为无愧于伟大新时代的优秀企业。

"人才是一条理性的河流,哪里有谷地,就向哪里汇聚。"这是万科企业文化的鲜明标签。坚持以人为本,为优秀的人才创造一个和谐、富有激情的环境,是万科企业文化的基石,也是万科吸引人才的强烈磁石。其中,最具特色的就是万科所提倡的以"自我实现"为中心理念的工作观。

在到深圳创业之前,万科董事会主席王石就已经深刻感受到计划经济时期的企业文化对个性的压抑。1983年,王石到深圳创办企业时,就有一种强烈的愿望:"在我自己创办的企业里,一定要充分尊重员工的个人选择和愿望,不要重复走我的老路。"在此思想的指导下,万科开始积极倡导"健康丰盛的人生",认为工作不仅仅是谋生的手段,还应该能给员工带来快乐与成就感——因为万科相信,工作所带来的欢乐和成就感将会是大多数万科员工所追求的"理想生活"的重要内容。万科希望能够营造公平竞争的环境,不断提供超出员工期待的报酬和晋升空间,实现企业的发展与个人职业生涯发展的双赢局面。

"自我实现",一是尊重员工的选择权。万科打破了传统计划经济中员工必须服从公司需要、下级必须服从上级的惯例,从尊重员工的个人意愿、尊重员工个性的角度出发,尊重员工的选择权利。对于辞职的人员,若是主动选择,公司将给予尊重和理解;对于辞职后还想回归的人员,万科在经过岗位需要和能力考查后,也会加以考虑。万科中的许多员工都曾是"几进几出"万科,在公司内同样得到了充分的尊重和发展空间。与此同时,万科还尽量创造机会和条件,开拓员工的职业生涯发展方向,使员工获得更大的选择空间。还曾将《职员守则》中"公司鼓励长期服务,以为职员提供理想之终生职业为己任"修改为"公司为职员提供可持续发展的机会和空间"。这一提法表现了公司和个人自主的双向选择的意愿。

二是尊重个人的隐私权。以住房为例,公司成立初期,员工住房主要依靠公司解决,当时万科的第一批房子20套是分别在3个住宅小区购买的,避免了"上班是同事,下班是邻居"的现象,目的就是创造一个员工的个人生活空间,保证生活与工作的平衡。

三是坚持在发展机会面前人人平等。在用人机制上,万科始终坚持以个人能力为评估标准,形成了公平公正的竞争机制。万科员工来自世界各地,既不任人唯亲,也不搞论资排辈。自2000年以后的这十几年里,万科在引进外来优秀人才方面加强了力度。这一引进外部人才的战略,充分显示了万科积极吸取外部优秀人才和经验,丰富自身企业文化内涵的努力。

万科营造和谐的工作氛围,提倡真诚而简单的人际关系。鼓励员工之间坦诚地交流,友善地沟通。在公司的周刊论坛上,员工可以建议和投诉,畅所欲言。建立企业内部投诉机制,使员工可以参与管理,充当监督人,增强了管理的透明度和效率。某位一线公司员工曾经在网上投诉该公司财务负责人的营私舞弊行为,通过网上投诉渠道,在集团方面的过问与监督下,有关部门快速查清真相,使事情得到了妥善的处理。

另外,万科还致力于成为学习型组织,使每位员工均能通过学习提升自我,扩展创造未来的能量。他们认为:"在万科的工作经历也许只是员工生命中的一小部分,但这一经历却有可能成为员工'理想生活'的起点和基础。"

第三节　中国传统文化精神——见利思义

一、见利思义概述

利与义的关系是我国古代思想中的重要命题,不同的学说流派有着不同的义利观,墨家学说主张人民与国家共享公共利益,反对个人谋求私利,然而杨朱却认为"拔一毛以利天下而不为也"。在中国古代思想中占据主流地位的儒家思想认为:追求利益是人的本性,但人不能仅局限于"利"中,人的高贵正在于可以摆脱逐"利"本性的约束,追求更加崇高的目标,也就是"义"。因而孔子提出:"因民之所利而利之,斯不亦惠而不费乎?"(《论语·尧曰》)就是认同"利"对人的驱动作用,提倡因"利"势导。另外,孔子还提出:"君子喻于义,而小人喻于利。"(《论语·里仁》)他主张君子还要超越"利",而去追求"义"。

在古代思想家那里,"义"更加接近于"宜"的意思,也就是做那些君子该做的事情。儒家所主张的"义",就是指符合仁、礼等道德规范的行为。孔子认为在利益面前人首先需要思考得到这些利益是否正当,在《论语》中孔子就提出人要"见利思义",呼吁人们在获得利益之际要多加考虑,与此同时,他认为在利益面前更能考验一个人是否成熟,因而提出"见利思义,见危授命,久要不忘平生之言,亦可以为成人矣"(《论语·宪问》)。

在中国古代,许多思想家认识到人追求利益是一种必然。司马迁提出:"天下熙熙,皆为利来;天下攘攘,皆为利往。"他还为很多商人立传来记录他们的事迹,但同时,他也坚决反对人为了利益而做出违背道义的行为。当然，在中国古代，更多的思想家在"利"与"义"之间，主张"义"而忽略了"利"，他们提倡在大利面前不为所动，保持崇高的人格。孔子提出"三军可夺帅也，匹夫不可夺志也"(《论语·子罕》)。孟子提出"富贵不能淫，贫贱不能移，威武不能屈。此之谓大丈夫"(《孟子·滕文公下》)，也就是说，与利益相比，一个人的人格价值和道德价值更加重要。因此，孔子强调人可以"舍生取义"，即为了"义"，甚至可将生死置之度外。在如今市场经济的时代中，利益是驱动社会发展的重要动力，应该认可逐"利"的正当性，古代思想家忽略"利"的倾向必须纠正。然而，同样必须说明的是，"利"不是衡量人生与社会的唯一价值尺度，"义"依然是值得提倡的重要价值观念，见利思义依然是人们应当深刻铭记的人生原则。

妥善处理利与义的关系，是企业与企业家所面临的一个重大考验。企业的直接目的在于追求利润，企业管理的全部职能，其指向都在于增加企业的效益和效率，并最终表现为利润的最大化。但是，企业的经营有长期和短期行为之分，企业家有目光短浅和远大之别，在这种区别下，义与利的取舍应包含在其中。目光远大的企业家，其着眼点在于企业的长期可持续发展，而并非单纯计较于短期的现实利益，更加不会见利忘义，破坏企业长期发展的外部舆论环境和损害企业长期发展的内部道德基础。

二、同仁堂：见利思义[①]

北京同仁堂(以下简称"同仁堂")是有着340年悠久历史的中医药行业著名老字号企业。在其300多年的发展历程中，同仁堂始终秉承着中华民族优秀传统文化，恪守"炮制虽繁必不敢省人工，品味虽贵必不敢减物力"的古训，树立"修合无人见，存心有天知"的自律意识，在企业经营过程中，坚持"德、诚、信"的优良传统，生产出很多令消费者放心的精品良药，使同仁堂百年金字招牌熠熠生辉。

目前，同仁堂已形成6个二级集团、3个院、5个直属子公司的主体架构。6个二级集团(含3个上市公司)为：股份集团、科技发展集团、国药(香港)集团、健康药业集团、商业投资集团、药材参茸投资集团；3个院为：研究院、中医医院、教育学院；5个直属子公司为：制药公司、投资公司、生物制品公司、文化传媒公司、中药配方颗粒投资公司。涵盖现代制药业、零售商业和医疗服务三大板块。企业的发展定位是"打造国际知名、国内领先的以中医中药为核心的健康产业集团"。

---

① 资料来源：www.tongrentang.com。

截至2017年年末，集团拥有药品、保健食品等六大类产品2600余种，36个生产基地，105条现代化生产线，一个国家工程中心和博士后科研工作站。集团系统共有零售终端2121家（其中海外140家）；医疗服务终端（含中医医院、诊所）488家（其中海外80家）。同仁堂还曾先后荣获了中国质量奖、北京市政府质量管理奖。

在当前市场经济条件下，作为商品的生产者和经营者，企业无疑要将最大的利润当作自身的奋斗目标。但怎样获得最大利润，同仁堂有着自己独特的义利观。在最初创业之时，创始人乐显扬就给同仁堂定下了"济世养生"的创业宗旨，并将中医中药当作一种效力于社会的高尚事业来做。可见，同仁堂并未将利益放在首位，而是将利益融入了"济世养生"之中，在为患者治病服务的过程中取得应有的利益。同仁堂坚信，在生产经营中把"义"放在第一位，以崇高的社会责任感，追求社会大义，利润自然会滚滚而来。以义为上，义利共生，它的内涵主要指的是以义取利，合义取利，不取无义之利。特别是当义与利发生矛盾时，坚持以义为上、为先，先义后利，义利并举。这是同仁堂的经营之道，也是同仁堂之所以能由小到大、声名远播的秘诀之一。

2003年4月初，输入性非典型肺炎在北京发现。这场疫病袭击了中国许多省份，其中最严重的是北京。"非典"在中医理论看来，是明显的"热毒"，可用清热解毒、芳香化湿、补气生津的药物进行防治。据此，北京中医药大学姜良铎教授开了一服药：苍术、藿香、金银花、贯众、黄芪、沙参、防风、白术，被称之为"姜八味"。此药方在媒体上一公布，北京顿时出现了抢购风潮。同仁堂各门市部从早晨四五点钟就排起了长龙，员工们不顾劳累，加班加点。

由于供不应求，同仁堂不仅停了股份公司市场好、效益高的国公酒生产线，还停了科技公司的"财源"——生脉饮，转而生产抗"非典"药物，这一停就是两个月！在抗"非典"的药材金银花由不到20元疯涨到300元时，同仁堂在北京61个门市部愣是执行了"不涨价，保证供应"的承诺。集团总经理梅群在面对部分员工起早贪黑赔钱卖药的质疑时开导说："现在是抗'非典'时期，为老百姓排忧解难，防病治病，不就是'同修仁德，济世养生'吗？这可是咱们的企业精神！"

当时全北京有1500家药店，同仁堂以61家门市满足了北京抗"非典"药物1/3的需要。一些实力不济的药店怕亏本，纷纷停售抗"非典"药物。在整个抗"非典"时期，同仁堂一共卖出了198万服饮片，100多万瓶代煎液。同仁堂每卖出一服抗"非典"药就要亏两元钱，仅此一项就亏了600多万元。若加上停产、停售其他利润高产品的亏损，则远不止于此。在国家有事、民族有难、社会有急需之时,同仁堂宁可赔钱也不涨价,不发"国难财"!同仁堂的领导表示:"在国家有难时,咱们虽赔了些钱,却挽救了多少人的生命呢?为国家减轻了多少负担?让多少家庭免遭不幸?这种社会效益是金钱能否衡量的?再说,咱们虽赔了些钱,可百姓心中有杆秤,同仁堂放着能赚的钱不赚,还会贪图小利,用假冒伪劣药品欺骗顾客?咱同仁堂还愁好药卖不出去?"的确,同仁堂的眼光看得远。从1997年至今,同仁堂连续10余年主要经济指标保持两位数增长,特别是2008年以来,在世界金融危机的寒冬里,同仁堂继续保持了这种良好的经营业绩。不能不说,同仁堂的利正是来自厚积薄发的义,因为以义为上的诚信理念早已像一座无形的丰碑,牢固树立在广大消费者心目中,所以义利共生才是企业经营的最高境界。

第四节 中国传统文化精神——忧患意识

一、忧患意识概述

在我国传统文化精神中充满着忧患意识,这种意识绝不是对个人私利的斤斤计较,也不是对人生前途的悲叹和感慨,而是立足于人类发展和民族存亡的高度,对以后的困难事先做出准备的一种抗危意识。从范仲淹的"先天下之忧而忧,后天下之乐而乐"的家国情怀,到杜甫的"安得广厦千万间,大庇天下寒士俱欢颜"的广阔胸襟,均体现出了我国传统思想中忧国忧民的伟大精神。

我国传统文化中的忧患意识的根本特征就是:它是超越了对自我生存的忧虑和反省的、对于人民幸福和国家兴亡的关怀。在忧患意识上,中国与西方国家均有各自的特点,中国传统思想更加重视家园,因而就有了孔子所说的"君子忧道不忧贫"的说法,而西方更加重视个人,因而就有了莎士比亚在《哈姆雷特》中对于"生存还是死亡"的挣扎与彷徨。我国传统思想中的忧患意识是一种积极入世的人生品格,此种忧国忧民的精神与对"仁""义"等道德观念的推崇融合在一起,构成了中国传统文化精神中充满使命意识和人文关怀的一个传统。

忧国忧民精神还代表着一种责任感,它是希望通过人们对群体的关怀而实现群体中人人都得到关怀的理想局面。孟子认为:"乐民之乐者,民亦乐其乐;忧民之忧者,民亦忧其忧。乐以天下,忧以天下。"(《孟子·梁惠王下》)这就是说,君王与普天之下的人民共忧乐,人民就会同样关心国家的安危,如此就能够结成命运的共同体,抵御无法预测的艰难困苦。

我国传统思想中的忧患意识是对民族和国家命运高度关注的博大情怀,是面对考验和艰险,不畏惧、不低头,勇敢应对的积极态度,是勇于担负社会责任的崇高精神,这是中华民族面临生死存亡重大考验之际,能够生存与发展的重要精神力量。在当前人类面临各种人为危机和大自然的无情报复之时,更加需要我们保持忧患意识,避免急功近利的短期行为,着眼于长远,进而创造人类美好的明天。

市场的竞争总是极为残酷的,如今的企业所面临的生存环境更加需要具备忧患意识,需要有危机感。微软有一句名言:"微软距离破产永远只有18个月。"张瑞敏也曾说过,海尔总是"战战兢兢,如履薄冰,如临深渊"。这并不是危言耸听,也不是杞人忧天,而是对现实生存环境的清醒认识。中国曾有许多企业昨天还是无限风光,今天就已经是落地黄花。长治久安之道在于居安思危,在于顺水行舟时始终保持谨慎的目光和清醒的头脑。

二、金蝶软件:客户导向[①]

金蝶国际软件集团(以下简称"金蝶")始创于 1993 年,是香港联交所主板上市公司。现有员工 8000 多人,设有深圳、上海、北京 3 个软件园,已为超过 680 万家企业和政府组织提供企业管理软件及云服务,改变了亿万人的工作方式,是中国最大的企业 SaaS 云服务厂商。金蝶主要开发及销售企业管理及电子商务应用软件和为企业或政府构筑电子商务或电子政务平台的中间件软件。同时,金蝶向全球范围内的顾客提供与软件产品相关的管理咨询、实施与技术服务。金蝶独特的"快速配置,快速实施,快速应用,快速见效"的个性化产品与服务定位,能够帮助顾客从容面对动态不确定商业环境带来的挑战,实现业务流程与 IT 技术的完美结合,有效管理变革,确保组织快速持续和健康成长。

金蝶以快速响应客户需求、技术创新和国际化作为不断前进的动力,以"帮助顾客成功"作为矢志不渝的宗旨,以"产品领先,伙伴至上"作为不断发展的战略,与全球顶尖的资讯科技伙伴和本地优秀的咨询服务伙伴建立紧密的策略联盟,并利用在中国强大的客户基础和品牌优势,不断研发世界一流的企业管理软件产品及电子商务解决方案,为顾客成长不断创造价值。

在成就客户的同时,金蝶也赢得了自己的发展。金蝶在 2012 年率先进

---

① 资料来源:www.kingdee.com。

行全面云转型,2015年获得京东战略投资,2017年已成为亚马逊AWS云在中国最大企业级合作伙伴。今天,金蝶已成为企业在数字经济新时代的选择,财富中国100强企业有一半选择金蝶,整体金蝶系用户已超过2.6亿,超过2000家合作伙伴选择金蝶作为共创共赢的发展平台。国际调研机构IDC数据显示,金蝶已连续14年位居中国成长型企业市场占有率第一,并成为首个在企业SaaS云服务领域超越国际厂商的软件公司。

金蝶通过对中国互联网商业本质的深刻洞察,以先发优势,聚焦企业级PaaS和SaaS领域,积极布局金蝶云生态。在金蝶云家族产品中,金蝶云、云之家、精斗云、管易云切入不同企业服务领域的不同需求,4朵云无论是在用户体验还是市场认可方面,都得到了成功验证。金蝶云作为金蝶最核心的云服务产品,专注于大中型企业市场,公有云年复合增长率超过300%,客户续费率持续达到90%,远超同行及传统ERP模式。据IDC最新《中国公有云服务市场半年度跟踪报告》数据显示,在继2016年全年之后,金蝶继续在2017年上半年在整体SaaS市场占有率蝉联第一。除此之外,金蝶还在SaaS ERP和SaaS财务云领域,分别以18.25%及46%的市场份额比例独占鳌头,远超国内外厂商,作为"三料冠军",金蝶已成为中国SaaS企业级应用软件市场值得托付的企业服务平台。

金蝶始终秉承"帮助顾客成功"的商业哲学,恪守"致良知、走正道、行王道"的核心价值观,25年如一日坚持软件强国梦。今天,金蝶以"全心全意为企业服务"为使命,以"成为最值得托付的企业服务平台"为愿景,秉承"用户至上、小、美、快"的产品服务理念,致力于成为全球领先的云管理服务商,帮助中国企业进行数字化转型,立志让中国管理模式在全球崛起!

第五节　中国传统文化精神——天人合一

一、天人合一概述

天人关系是哲学关注的重要问题之一,很多哲学家都对此进行了论述。天人关系也决定了哲学的不同思想体系和不同的流派。从总体上,天人关系基本可分为天人合一与天人分别两种类型。中国古代哲学在天人关系上总体更加偏重于天人合一,即人与身外的自然是统一的整体,天与人二者的精神是相通的,道德精神和宇宙精神相互契合,即所谓的天道与人道的合一。

中国传统思想认为,整个世界是由天地人三部分构成,这3个部分共同创造了美好、和谐的宇宙,不管哪一方仅强调自己而破坏其他方面,均会破坏宇宙的和谐,招致恶果。《中庸》里提到:"能尽人之性,则能尽物之性;能尽物之性,则可以赞天地之化育;可以赞天地之化育,则可以与天地参矣。"此处所讲的人与自然是一个统一体,天道在人道之中,若是能够完全掌握人的特性,也就能够完全掌握天地的特性,人只有尽量地发挥自己的秉性,才能够穷尽物的特性,进而也就能够达到人的生命与天地之间的万物协调发展的境界,人就能够堂堂正正地称为与天地并立的一极。

儒家是天人合一思想的积极倡导者。孔子认为天道是在人道中孕育的,要在人道的统一性中见证天道的统一性,因而他提出"五十而知天命"。孟子通过"心性",将天与人统一起来,他认为人性是上天赋予的,天与人的"性"相同,提出"知性而知天"的思想,也就是说,知人之"性"则能够知天之道。董仲舒更是提出"人副天数"的学说,他认为人的身体结构与天体的结构可相互类比。天人合一思想,囊括着古人对自然的一些不正确的推论与认识,如"人副天数",就比较牵强。但天人合一所主张的人和自然的和谐与协调却是具有积极意义的。

从工业文明产生以后,人和自然的关系就一直处于异常紧张的状态之中。因人类对自然的过度索取、破坏和掠夺,人类开始受到自然的加倍报复。由于捕食动物和环境污染等导致的未知疾病的流行,正是大自然对人类破坏性行为的惩罚。因此,我国传统的天人合一思想在经过改造和现代转化后,对如今社会的发展实践依然拥有重要的启示作用和价值。

企业是社会的公器,应为人和自然的协调发展担负自身应尽的责任,与此同时,也是对工业革命之后作为环境污染主要责任者的自我悔过和自我反省。经过近300年的发展,作为一个组织的类型,企业应当开始走向成熟。企业成熟的一个重要标志,就是可以自觉地担负作为人类社会这一生态系统中重要成员所应尽的责任与义务。若是企业一味拒绝成长,拒绝担负这份责任与义务,这不符合人类大家庭整体的生存利益,则可能会被其他社会成员所排斥。

二、天士力:天人合一 [①]

天士力控股集团有限公司(以下简称"天士力")创建于1994年,是以

---

① 资料来源:www.tasly.com。

大健康产业为主线,以生物医药产业为核心,以健康保健产业、医疗与健康服务产业为两翼的高科技国际化企业集团。截至2016年,天士力总资产300多亿元,净利润17亿元,是天津市重点支持的大企业集团之一。天士力控股集团有限公司技术中心被批准为国家级企业技术中心,人力资源社会保障部在天士力设立了企业博士后科研工作站。2016年,天士力荣获"中国中药研发实力排行榜"第5名。2017年又荣获了第4名的好成绩。

天士力自成立以来,始终秉承"追求天人合一,提高生命质量"的企业理念和"创造健康,人人共享"的企业愿景,致力于发展中药现代化、国际化,全力推动中医药走出国门、走向世界。天士力追求的是人与自然和谐共处,和谐发展。天士力人认为,"天"乃使命,是生生不息的自然,是科学严谨的规律,是风云变幻的市场,是至高无上的顾客。以自然为天,就要自觉融入世界回归自然的潮流,弘扬传统医药文化,维护人类生态平衡;以科学为天,就要敢于站在时代科技发展的前沿,探索规律,严谨求实,推进中药现代化进程;以市场为天,就要勇于搏击市场经济的风浪,与时偕行,因势利导,在瞬息万变的环境中生存发展;以顾客为天,就要时刻以提高人类的生命质量为己任,热爱患者,健康生命。

"天人合一"的核心是一个"通"字,通则和、通则生,通是纲、通是本。政通才能人和,商通才能财兴,人通才能凝聚。企业上、下、内、外相通,才能不断创新,才能源远流长。只有民族的,才是国际的。只有在继承中华医药深厚文化底蕴和坚实理论基础上再创新,才能让企业更好地融入世界医药文化,才能把汉方中药更快地推向国际市场。这也是天然药物发展大潮中,中国企业的核心竞争力所在。天士力在这方面踏踏实实地做了很多事,并推动了产品的营销,从而增强企业的核心竞争力。

天士力的现代中药复方丹参滴丸,在2016年12月成为全球首例顺利完成美国FDA国际多中心随机双盲、大样本三期临床试验的复方中药制剂,试验再次证明了复方丹参滴丸的安全性、质量可控性和临床有效性,为国家中药国际化研究探索了一条新路。同时,还实现了从传统中药到现代中药;从传统制造到现代化、数字化、智能制造;从民族品牌向世界国际品牌跨越。实现了现代中药智能制造的创新性技术革命,天士力用自主研发的核心技术让现代中药走向世界,让世界爱上中国造。

2018年2月8日,天士力携手老艺术家,共同举办春节联欢晚会来庆贺佳节。而在此前的2018老艺术家春晚新闻发布会上,天士力董事局主席闫希军曾发言表示:"贯彻落实党的十九大精神,我们要加强'坚定文化自信、不忘初心'的信念,牢记使命,砥砺前行。天士力以现代中药奠基立业,积极推动中医药的传承和创新,持续推进中医药现代化和国际化。支持举办老艺术家春节联欢晚会,体现了天士力践行'追求天人合一、提高生命质量'和'创造健康、人人共享'的使命担当。中医药是中华民族的瑰宝,中华民族的文化艺术更是民族的灵魂,让我们紧密团结,共同努力,让中华民族的文化精神薪火相传、生生不息。"

"天人合一,四海归心。"天人合一的一个核心内容就是要汇聚天下人才。中药要发展,必须有人才推动。天士力要发展,就必须汇聚天下英才,而要想汇聚英才,就必须有识人之眼,用才之胆,爱才之心,容才之量。天士力独特的"以人为本"的现代组织机构,吸引了一大批跨地区、跨国界、跨行业的一流人才。天士力聘请国家两院院士担任顾问,引进德国、美国、英国、瑞典、芬兰等国家和地区的硕士、博士,形成了宝塔型的人才体系,为企业的可持续发展奠定了坚实的基础。[①]

[①] 孟杰.现代中药人类共享:走进天士力[N].健康时报,2002-09-05(21).

第四章 现代企业精神、价值观与案例分析

> 美国著名管理学者托马斯·彼得曾说:"一个伟大的组织能够长期生存下来,最主要的条件并非结构、形式和管理技能,而是我们称之为信念的那种精神力量以及信念对组织全体成员所具有的感召力。"塑造良好的企业形象,最根本的就在于培育企业精神。企业精神是凝聚全体员工的黏合剂,是塑造良好企业形象的恒定的、持久的动力源。

第一节 现代企业精神概述

在本节中,我们主要探讨企业精神的含义、企业精神的特征、企业精神的作用及企业精神的确立原则和过程。

一、企业精神的含义

精神是哲学范畴里的一个概念。它是指人的意识、思维活动和一般心理状态。人们在实践基础上产生的认识、观念、思想、理论等,都是精神的东西。精神是物质高度发展的产物,是人脑对客观物质世界的反映。精神不是消极地、被动地反映世界,而是通过实践能动地反映世界,又通过实践能动地改造世界。

企业精神是指企业员工在长期生产经营的过程中,在正确价值观念体系的支配和滋养下,逐步形成和优化出来的群体意识。它代表和反映着企业整体的追求、志向与决心,是企业价值观念、企业哲学的综合体现,是企业的精神支柱。企业精神一般可概括成几个字、几句话,用标语、口号、厂歌等形式表达出来。

可以从以下4个方面来理解和把握企业精神的内涵。

(一)企业精神是企业的个性精神

企业精神反映企业精神现象的性质,这是毫无疑问的。但是,企业精神不是企业一切精神现象的反映,而是企业员工在长期的生产经营过程中,围绕生产经营管理而逐步形成和发展起来的共同的理想信念、价值观念、经营宗旨、风格风尚等精神观念,即一种指导企业整体行为的、具有鲜明个性特征的特殊精神。正是这种特殊精神的本质概括,才能形成每一个企业自己的企业精神。

(二)企业精神是企业的主体精神

企业精神是企业家和全体员工主体意识的集中表现。它集中反映了企业员工的素质水准,全体员工在总体上对企业发展的意识程度和对企业所负的社会责任的觉悟程度,同时又是企业在其生产经营行为中所获得的自觉度、自由度的表现。正因为如此,它十分强调企业全体员工的精神状态、思想境界和理想追求,如20世纪60年代大庆油田提出的"做老实人、说老实话、办老实事"和"严格的要求、严肃的态度、严谨的作风、严明的纪律"的"三老四严"精神。

(三)企业精神是企业的自觉精神

企业精神是企业广大员工在生产经营实践活动中自觉形成的,是广大员工集体智慧和精神追求的结晶。它是企业优秀领导者结合生产经营实践反复灌输、不断培育的结果。一个企业只有具有自觉精神,才能培养出一个企业的内在文化精髓,促进企业的长远发展。

(四)企业精神具有无形性和渗透性

因为企业精神的形成是一个柔性化的长期的培育过程,它总是以潜在的形式存在着。随着企业的发展,企业员工的群体意识经过培育和优化,就可以形成具有强大凝聚力的企业精神。中外企业的实践证明,成功的企业,都注重塑造和培育具有自己特色的企业精神。企业精神是企业的一笔巨大的无形资产,是企业文化的灵魂。同舟共济的团队精神,开拓、创新的进取精神,以人为本的人本精神等,是任何企业充满生机和活力的源泉。

二、企业精神的特征

企业精神的基本特征主要包括以下几个方面。

(一)企业精神可以反映企业的现状

企业生产力状况是企业精神产生和存在的依据,企业的生产力水平及其由此带来员工、企业家素质对企业精神的内容有着根本的影响。很难想象在生产力低下的条件下,企业会产生表现高度发达的商品经济观念的企业精神。同样,也只有正确反映现实的企业精神,才能起到指导企业实践活动的作用。企业精神是企业现实状况、现存生产经营方式、员工生活方式的反映,这是它最根本的特征,离开了这一点,企业精神就不会具有生命力,也发挥不了它应有的作用。

(二)企业精神是全体员工普遍掌握的理念

只有当一种精神成为企业内部的一种群体意识时,才可认作是企业精神。企业的绩效不仅取决于它自身有一种独特的、具有生命力的企业精神,而且还取决于这种企业精神在企业内部的普及程度和是否具有群体性。

(三)企业精神是稳定性和动态性的统一

企业精神一旦确立,就相对稳定。但这种稳定并不意味着它就一成不变了,它是要随着企业的发展而不断发展的。企业精神是对员工中存在的现代生产意识、竞争意识、文明意识、道德意识及企业理想、目标、思想都具有稳定性。但同时,形势的变化不允许企业以一个固定的标准为目标,竞争的激化、时空的变迁、技术的飞跃、观念的更新、企业的重组等,都要求企业做出与之相适应的反应,这就反映出企业精神的动态性。稳定性和动态性的统一,使企业精神不断趋于完善。

(四)企业精神具有独创性

每个企业都有自己的特色企业精神,这样有利于形成自己的专业特色,使生产经营活动具有针对性,让企业精神能够充分发挥作用。企业财富的源泉蕴藏在企业员工的创新精神中,企业家的创新体现在他的战略决策上,中层管理人员的创新体现在他怎样调动下属的劳动热情上,工人的创新体现在他对操作的改进、自我管理的自觉性上。任何企业的成功,无不是其创新精神的结果。

三、企业精神的作用

企业精神虽然是无形的,但是一旦形成,则会产生巨大的能够看得见的作用,能够影响员工的思想和行为,进而对公司的生产经营产生影响。因此,通过培育和再塑企业精神,有利于建设一支富有战斗力的、能够完成企业既定任务的纯洁的员工队伍。这一特有的作用主要体现在导向、凝聚、教育和约束4个方面。

(一)导向作用

企业精神不仅是一个企业的精神支柱,而且体现着一个企业在社会中确立良好形象的战略意识,它一旦转化为企业员工的内在需要和动机,就会产生目标导向作用,企业员工就会时时以企业精神作为标杆来衡量和调整自身的行为,以符合企业的基本要求。

(二)凝聚作用

企业精神为全体员工提供了共同的价值观,因此它对企业员工有着巨大的内聚作用。企业精神的凝聚作用是观念同一性的表现,即观念相同的人们之间比较容易沟通,也比较容易达成行为一致,而观念不同的人们则不容易沟通。在观念同一性的作用下,全体员工会把自己的切身利益同企业的生存和发展紧密联系在一起,热爱自己的企业。自觉维护企业的声誉和形象,与企业同呼吸共命运,为实现企业的目标而努力工作,甚至在一定程度上牺牲自己的利益。

(三)教育作用

教育作用有两方面的含义。第一,从内容上讲,企业精神的教育作用就在于形成企业员工共同信奉的价值观念。第二,从思路上讲,企业精神为做好新时期思想政治工作提供了新途径。思想政治工作的根本任务是培育高素质的新人,而培育企业精神的过程是以先进的文化改造人的世界观的过程,也是对企业管理理念和价值观去粗取精、去伪存真的过程,它们在方法、途径、目的上有很多共同点,因此调整培育健康正确的企业精神能够促进思想政治工作的实际效果,促进企业的生产经营发展。

(四)约束作用

企业精神的核心内容是价值观,它能够衍生出严格的行为规范和道德标准,对员工的行为起到规范和约束作用。当企业的精神内核深入人心时,人们就会无形中以企业精神约束自己的行为,提升自己的形象与纪律性。

同时,企业精神是企业性格、形象的凝缩。企业精神的建立和传播,还具有塑造优秀的企业形象,增强企业的知名度和社会美誉度,从而最终达到提高企业核心竞争力的作用。

四、企业精神的确立原则和过程

(一)企业精神的确立原则

1.继承性原则

继承与发展是相互依存的,不讲继承,企业精神就会成为无源之水、无本之木;不强调发展,继承也就失去了意义。

企业精神既应该具有时代的特征,又应该带有传统的烙印。今天是昨天的继续,明天又是今天的继续,谁也无法割断历史。历史传统是人类的共同财富。作为企业精神,应该继承历史上的光荣传统。一个企业如果没有创新,是无法持续发展的,同样,一个企业没有继承,也是无法实现持续发展的。

2.时代性原则

企业是社会的一部分,企业精神受时代精神的影响,是时代精神在企业的折射。优秀的企业精神应当能够让人从中把握时代的脉搏,感受时代赋予企业的勃勃生机。在发展市场经济的今天,企业精神无不渗透着现代企业经营管理理念、确立消费者第一的观念、灵活经营的观念、市场竞争的观念、经济效益的观念等,充分体现时代精神应成为每个企业培育自身企业精神的主要内容。

3.个性化原则

成千上万的企业,由于经营服务方向不同、历史的沿革不同、员工队伍素质的差异,它们的企业精神必然也应该是千差万别的,它们都具有自己的个性。好的个性特质不但使人容易记住,从万千公司中脱颖而出,也可以更好地内化为企业的精神动力,实现企业的可持续发展。

4.激励性原则

所谓激励,就是通过外部刺激,使个体产生出一种情绪高昂、奋发进取的力量。研究激励理论的学者认为,最出色的激励手段是让被激励者觉得自己确实干得不错,发挥出了自身的特长和潜能。企业精神应该具有精神的激励作用,在一种"人人受重视,个个被尊重"的文化氛围中,每个人的贡献都会及时受到肯定、赞赏和褒奖,而不会被埋没。这样,员工就时时受到鼓舞,能够增强荣誉感和责任心,自觉地为获得新的、更大的成功而瞄准下一个目标。

5.发展和升华原则

随着企业的发展,企业家和企业员工的思想境界、道德水准、对事业和成就的追求与期望也在不断提升,企业精神应该跟随企业精英群体心理定式中的主导意识和需求不断升华。

(二)企业精神的确立过程

1.回顾历史

一个企业的企业精神,有自身的、不可置换的特点。这些特点集中反映了在那个特定的时代和特殊的环境下,早期创业者的良苦用心和智慧。

传统的力量在于它的延续性和继承性,它可以使企业精神所表现的思想具有凝聚力。因此,好的企业精神的确立需要去追溯企业的历史和发展过程中所形成的优良传统与精神力量。

2.从民间汲取智慧

"从群众中来,到群众中去"的工作方式,特别适用于企业精神确立这一形象工程。可以采用座谈会、征集稿件、评奖等丰富多彩的活动,激发广大员工思想的火花,发现蕴藏于民间的对于企业精神的深刻而精辟的刻画。

3.追求更高层次的境界

当我们能做到回顾历史和从民间汲取智慧时,可以汇集、选择、涵化、扩大和延伸,融智慧、取精华,凝练出最能体现企业创业者苦苦追求、现代的企业人为之奋斗的那么一种精神。如果说前两个过程是"画龙"的话,提升、凝练和深化的过程则要起到"点睛"的作用,要认真地去寻求一个能统领企业精神风格的主线,把一系列的口号统帅起来,激活起来。否则,企业精神可能会流于形式。

第二节 "铁匠铺"发迹之谜——万向节的企业精神

钱塘江畔被誉为"鱼米之乡",其中出了一个闻名全国的乡镇企业和一位泥腿子农民企业家,那就是杭州万向节总厂和厂长鲁冠球。企业创办初期只是一个拥有7名员工的乡村"铁匠铺",而现如今它已经发展成为一个全国规模最大、品种最多、产量最高的汽车万向节生产基地。鲁冠球先后被评为全国"十佳农民企业家"与"全国十大新闻人物"。鲁冠球在总结企业管理与治厂经验时说,培养和倡导优秀的企业精神,是十分重要的。在日常经营管理和内部公共关系工作中,提出了16个字的企业精神,即"想主人事,干主人活,尽主人责,享主人乐"。

一、想主人事

杭州万向节总厂确立企业精神的第一条就是"想主人事"。乡镇企业的员工大多数都是有活时是工人,没活时是农民,根据这一特征,工厂通过"两袋投入"(即物质手段的口袋投入与精神激励的脑袋投入)来调动员工的主人翁意识。围绕"脑袋投入",该厂的基本思路是把经营管理与思想政治工作结合起来。工厂每进行一项活动,下达一项生产任务,都要让员工明确"做什么""为什么做""怎样做""这样做了对国家有什么好处"。

1988年7月,国内外用户纷纷向厂方要货,产品供不应求,生产频频告急。这时,厂部办公室起草了一封《公开信》,信中告诉每位员工,现在工厂欠产已达17万套万向节,能否按时供货,关系到国家信誉和企业形象,尽量满足用户需要,为国家多创汇多贡献,是每一位员工当家做主的光荣职责。工厂面临的喜与忧顿时成为当时员工们关注的中心。

尽管当时气温高达38℃以上,大家仍然坚持上班顶岗,结果超额完成了生产任务,及时满足了各界用户的需要。

二、干主人活

在商品经济发展的大潮中,杭州万向节总厂把眼光瞄向了国际市场。工厂提出:"如果我们把产品打入汽车王国的美国,就如同有人把丝绸打入我们享有'丝绸之府'称号的浙江。一个企业如果只能赚本国人的钱那不算好汉,只有把产品拿到国际市场上去竞争,去赚外国人的钱才是真本事。"

1986年,应美国客商的邀请,鲁冠球作为中国第一位访美的农民企业家与其签订了每年向美方出口20万套万向节的长期供货意向书,1990年厂方向美国市场投放的万向节增加到200万套。

三、尽主人责

尽主人责,是杭州万向节总厂企业精神的一个重要组成部分,现时不少农民员工存在"被雇用心理",容易产生"八小时内为你干,八小时外自己干"心理。为了使员工焕发主人翁精神,企业领导班子处处关心员工、爱护员工、理解员工、尊重员工。企业会将自己的重大决策方针告知每一位员工,使上下一心想企业所难,解企业所急。与此同时,厂部还专门设立了"厂长意见箱",让员工提建议。对于来自群众的合理化建议,及时给予采纳和奖励。为了更好地做到"尽主人责",工厂还开展了"信得过"活动,这项活动是把产品质量过去由检验员把关,变为以工人自检为主。

四、享主人乐

杭州万向节总厂认为,对员工不能只讲奉献,还要给他们创造一个安居乐业的生活环境。为此,工厂专门组织了对员工实际困难的摸底调查,厂方先后解决了400多名员工家属的就业问题。他们还专门组织妇女干部做"红娘",给大龄青年牵线搭桥。工厂有些科技人员、供销人员每年几乎有一半以上的时间在出差,子女教育、家务劳动都落到妻子肩上,时间一久,他们的妻子难免要有怨言。为了鼓励家属支持丈夫做好工作,厂工会组织了40多位婆婆、妈妈搞了一次"海陆空"旅游。让她们乘飞机去南京,坐火车游无锡,乘轮船回杭州,这些家属表示今后一定要当好"内当家",全力支持丈夫的工作。

杭州万向节总厂在创业过程中,"想主人事,干主人活,尽主人责,享主人乐"的十六字企业精神犹如一只看不见的手,激发起全厂员工自觉的主人翁责任感。

第三节 现代企业价值观

企业文化是以价值观为核心的,价值观是把所有员工联系到一起的精神纽带,是企业生存、发展的内在动力,是企业行为规范制度的基础。对于任何一个企业而言,只有企业内的大多数员工对企业的价值观非常认可时,整个企业的价值观才能形成。与个人价值观主导人的行为一样,企业所信奉与推崇的价值观,是企业的日常经营与管理行为的内在依据。无数例子证明,企业价值观建设的成败决定着企业的生死存亡。因此,成功的企业都很注重企业价值观的建设,并要求员工自觉推崇与传播本企业的价值观。

一、企业价值观概述

(一)企业价值观的含义

1.价值与价值观

价值属于经济学、哲学、社会学、伦理学和美学等多种学科的范畴。就一般意义讲,价值是一种表示客体的功能与主体的需要之间的概念,是指客观事物能满足人们需要的某种属性。

价值一般分为经济价值、社会政治价值和精神价值三大类。经济价值包括劳动对象、生产工具和物质财富等方面所具有的价值;社会政治价值包括国家机构和政治制度等方面所具有的价值;精神价值包括科学价值(真)、伦理价值(善)和审美价值(美)等方面所具有的价值。在一切价值中,人的价值是创造事物价值的内在依据。

价值观是一种特殊的观念。所谓价值观,即人们对客观事物的意义的总体评价和观念。价值观具有以下几个特征。

(1)价值观是意识形态

事物分为有价值的和无价值的,有价值的事物,价值量也有大小之分,这是事物的客观性质决定的。只有当客观价值反映到人的大脑并形成某种思维定式时,才能形成价值观。对于同一事物,由于人们的利益需要、文化传统和生活方式的不同,特别是由于人生观与世界观的不同,往往会得出不同甚至相反的结论。因此,在开放型社会或信息多元时代,价值观必然是多元的。

(2)价值观对社会存在具有反作用

一种价值观一旦形成,并被一些人所接受,就会反作用于社会存在,对调节、控制、改变人们的态度、行为方向产生重大影响,从而对社会发展起推动或阻碍、破坏作用。

(3)价值观能够与时俱进

在不同的时代中,人们的价值观是不同的。在同一时代中,由于人们所处的环境不同,价值观也有所差别,而且随着社会内部机制的调整,人们的价值观还会普遍地转变或者更替。

由于价值观具有以上几个特征,所以任何团体都要重视价值观的作用,并且要在价值目标上进行合理选择。

2.企业价值观的含义

企业价值观是指企业在生产经营管理过程中所推崇的基本信念和奉行的目标,是企业全体或绝大多数员工一致赞同的关于企业意义的总评价和总看法。

组织传播文化学派的艾德加·沙因在其理论体系中提出了把各种组织文化要素分解为3个层次的模型,这就是著名的"洋葱模型"(图4-1)。"洋葱"的最外面一层是"行为和人工产品",它包括组织成员所创造的物质和社会环境,许多不同的文化指标都可以包含在这一可观察的层次之中;"洋葱"的第二层是"价值观",它由个人和群体的价值观构成;"洋葱"的第三层是"基本假设",是群体和个人对如何面对世界与世界如何运作所持的核心假设。由于这些假设在团体解决内外问题时一再受到强化,所以被认为是理所应当的。

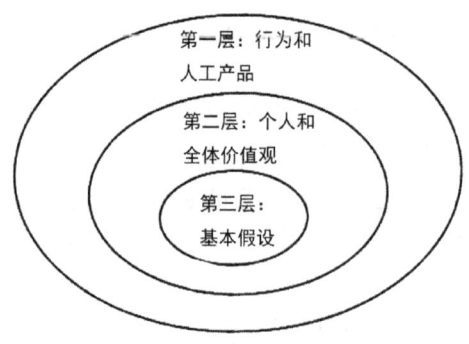

图4-1 "洋葱模型"

沙因举例说，一个企业如果把"变革是有益的"当作自己的"基本假设"，当作自己在解决内外问题时一再被强化，因此被认为是理所当然的理念，那么它所持有的价值观就必然是鼓励创新，由这种理念和价值观所构成的这个企业的文化，其外在可以观察到的部分，即"洋葱"的外层，"行为和人工产品"部分，就必然是轻松的、富有创造性的气氛，如对新观念给予的奖励及随处可见的建议箱等，甚至从员工与领导相处的方式和日常用语中表现出来。

(二) 企业价值观的特征

企业价值观是企业决策者对企业性质、目标、经营方式的取向做出的选择，是员工所接受的共同观念。企业价值观是企业及其员工长期文化积淀的产物，是企业生存发展的内在动力，是企业行为规范制度的基础。

一个事物是否具有价值，不仅取决于它对什么人有意义，而且还取决于谁在做判断，不同的人很可能做出完全不同的判断。企业价值观决定了企业的基本特性。在不同的社会条件或时期，会存在一种被人们认为是最根本、最重要的价值，并以此作为价值判断的基础，其他价值可以通过一定的标准和方法"折算"成这种价值，这种价值被称为"本位价值"。

企业是独立的经济实体和文化共同体。因此，企业的内部必然会形成具有鲜明特征的本位价值观。企业的个性就是由这种本位价值观决定的，而企业的个性又与企业的发展息息相关。例如，把创新作为本位价值的企业，当利润、效率与创新发生矛盾时，它会自然地选择后者，使利润、效率让位。同样，另一些企业可能认为企业的价值在于致富、企业的价值在于利润、企业的价值在于服务、企业的价值在于育人，那么，这些企业的价值观分别可称为"致富价值观""利润价值观""服务价值观""育人价值观"。

(三) 企业价值观的作用

由企业价值观的含义可知，价值观是介于企业基本假设和经营行为之间，受"基本假设"约束，同时又对企业及其员工行为取向起决定性作用的"企业灵魂"，对于企业发展和运营非常重要，其作用主要表现为以下几个方面。

1. 企业价值观是企业生存与发展的精神动力

企业价值观是企业领导者与员工据以判断事物的标准，一经确立并成为全体成员的共识，就会产生长期的稳定性，甚至成为几代人共同信奉的信念,对企业具有持久的精神支撑力。当个体的价值观与企业价值观一致时,员工就会把为企业工作看作为自己的理想奋斗。企业的发展过程中,总要遭遇顺境和坎坷,一个企业如果能使其价值观为全体员工接受,并以之为自豪,那么企业就具有克服各种困难的强大精神动力。

2.企业价值观能够决定企业的特性

特伦斯·迪尔和艾伦·肯尼迪指出,对拥有共同价值观的那些公司来说,共同价值观决定了公司的基本特征,使其与众不同。同样,这些共同价值观创造出公司员工的实质意义,使他们的感受与众不同。更重要的是,这样的价值观不仅在高级管理者的心目中,而且在公司绝大多数人的心目中,成为一种实实在在的东西。它是整个企业文化系统,乃至整个企业经营运作、调节、控制与实施日常操作的文化内核,是企业生存的基础,也是企业追求成功的精神动力。

3.企业价值观对企业及员工行为具有导向和规范作用

企业价值观是企业中占主导地位的管理意识,能够规范企业领导者及员工的行为,使企业员工很容易在具体问题上达成共识,从而大大节省了企业运营成本,提高了企业的经营效率。企业价值观对企业及员工行为的导向和规范作用,不是通过制度、规章等硬性管理手段实现的,而是通过群体氛围和共同意识引导来实现的。

4.企业价值观能产生凝聚力,激励员工释放潜能

企业的活力是企业整体力(合力)作用的结果,企业合力越强,所引发的活力越强。在企业内部,价值观实践上的一致表现为员工服从命令,听从指挥,步调一致。只有在价值观上达成一致,才能形成一个团结融洽、充满温暖的企业群体。企业内领导与员工关系和谐,工作就能配合默契,生产效率就会倍增。反之,价值观不一致,各行其是,会给人们带来烦恼和痛苦,影响员工的精神状态,他们的积极性和工作效率自然也会下降。

5.企业价值观是企业判断是非的唯一标准

价值观是价值主体在长期的工作和生活中形成的对于价值客体的总的根本性的看法,是一个长期形成的价值观念体系,具有鲜明的评判特征。企业价值观一旦形成,就成为企业领导者和企业员工立身处世的抉择依据与判断正误的标准。它给出的选择准则和判断标准能有效地处理社会、企业及个人价值准则之间的一系列重要关系,由此来约束与激励全体员工的决

策和行为。

因此,许多著名企业家都认为,一个企业的长久生存,最重要的条件不是企业的资本或管理技能,而是正确的企业价值观。企业的命运最终由企业价值观决定。

二、企业价值观的确立原则和提炼

(一)企业价值观的确立原则

企业价值观的发展与完善是一个永无止境的工作,企业的各级管理人员都会认真考虑究竟什么是企业最实际、最有效的价值观,然后不断地检讨和讨论,使这些价值观永葆活力。事实上,这样做有助于大家统一思想,步调一致,促进发展。

为了让企业员工了解企业的价值观,价值观应该用具体的语言表示出来。例如,海尔公司把价值观表示为"真诚到永远",IBM提出"最佳服务精神",把为顾客提供世界上第一流的服务作为最高的价值信念等。同时,不同的企业,其价值观最好尽可能使用不同的语言来表示,避免雷同,要做到这点虽然很难,但应努力去做,使价值观表示得能够反映一个企业的基本特征,能够把一个企业的对内对外态度与另一个企业区别开来。

有关专家通过分析世界知名企业文化发展的状况,从中得出了培育企业核心价值观的基本原则。

1.全体共识原则

核心价值观培育成功与否,取决于全体员工的共识程度。在培育核心价值观的过程中,自始至终都需要全员参与,整体互动,任何一件事情,只有亲身参与了,才会有责任感。在参与的过程中让员工体会到成就感、挫折感、温暖感和危机感等不同感受,通过交流与融合,逐渐形成大家都能认可的价值准则。

2.以人为本原则

孙子在《孙子兵法·地形篇》写道:"视卒如婴儿,故可与之赴深溪;视卒如爱子,故可与之俱死。"这就是说,如果将帅把士兵当成自己的子女一样对待,士兵就会对将帅忠心耿耿,同生死共患难。核心价值观培育的对象就是企业员工,因此要以人为本,具体要做到以下几点。

(1)情感管理

管理者以真挚的情感,增强与员工之间的情感联系和思想沟通,满足员工的心理需求,形成和谐融洽的工作氛围,激发员工的深层次的内在精神动力。

(2)满足需求

企业核心价值观要能够满足企业员工的精神需求。

(3)机制保证

企业应该建立人才成长的途径,围绕如何尊重人、如何使用人、如何培养人、如何关心人,分别设立不同的追求目标。

3.创建学习型组织原则

学习是在个人、团体、组织或组织相互作用的共同体中产生。学习是持续性的并可以战略性地加以运用的过程,而且可以同时运用到工作中。学习型组织通常与系统思维、企业文化和精神、企业远景战略、管理体系与制度、技术和信息手段(显性知识的管理和协同工作)等相结合,注重组织成员思想理念和企业文化精神的变革。学习型组织理论要求组织中的每一个成员不仅要终身学习,不断补充新知,而且要开放自我,与人沟通,最终达到从个体学习转变为有组织地学习的目标。

4.协调与合作原则

松下幸之助曾说:人的组合正是人类的微妙之处,如果是机器,一加一绝对等于二,但人的组合如果得当的话,一加一往往会大于二,反之,可能变成零甚至得到负效果。现代企业强调合作和团队精神,因为企业中的任何人的自我价值的实现,都有赖于人们之间的相互协作,有赖于企业的发展。没有人们在企业运作过程中的相互协作,没有团队精神,企业就不可能高效率发展,从而也就不会有企业中每个人的自我价值的实现。

5.激励与约束原则

培育核心价值观的落脚点,就是有效激励员工围绕企业最高目标而努力。美国哈佛大学的专家发现,在缺乏激励和约束的环境中,员工的潜力只发挥出20%~30%甚至可能为负;但在适当的激励与约束环境中,同样的员工却能发挥出其潜力的80%~90%。因此,建立激励与约束机制是培育核心价值观的关键。企业核心价值观的培育,要加大激励与约束机制的执行力,旗帜鲜明地表达倡导与反对的态度。

6.扬弃原则

企业文化的建设就是管理的变革。市场竞争的空间将越来越扩展到世界各个角落,人们逐渐意识到企业文化是企业寻求生存与发展的"原则"和"资源",是作为一种"知识资本"所产生的文化力与生产力,已成为企业核心竞争力的重要因素,即最具活力、最具稳定性、最具个性化、最具渗透力、最不易被竞争者模仿的因素。当核心价值观与企业发展战略相适应,建立一套核心价值观理念并真正融入员工的思想和行为时,企业就是一支战无不胜的团队。

(二)企业价值观的提炼

价值观对企业来说作用巨大。因此,企业要创造一个真实可信的价值观宣言,将会使公司获得很大益处。合格的领导者应该是成功经营理念和核心价值观的原创者。在尊重与顺应社会文化发展潮流的前提下,企业领导者的个人信念和价值观必定影响企业价值观的形成。企业价值观的提炼不是一蹴而就的,而是一个逐渐发展的过程。

1.价值观提炼的步骤

首先,公司领导层可就企业价值观的提炼问题先拟定一份草案,简单阐述这些条款对完成使命的重要性所在。

其次,将草案下发到各部门,请各级主管带领部门展开讨论、共同切磋,丰富价值观的内涵。

最后,人力资源部要汇总讨论稿,去芜存菁,将其编进员工手册,并列入新员工入职培训课程体系中。

2.价值观提炼时需要注意的事项

(1)领导层做不到的事项切勿列入其中

优秀的领导者都能做到言行合一,领导层应是企业任何规范的第一执行者,领导层只要求别人,自己却说一套,做另一套,很快就会使价值观流于形式。我们经常在企业墙上看到"质量就是生命"这样的口号,可就在这些企业当中,当品质和生产、销售发生冲突时,最高领导者大笔一挥,品质就做出了妥协。

(2)切勿空洞无物

大家都知道一家优秀的企业都该坚持哪些基本原则,口号很容易喊出来,标语牌也可以做得很漂亮,但要想使价值观落地,使它对员工行为起到强劲的导引作用,还需要把它清晰、详细地描述出来,形成行动纲领。

三、塑造优秀企业价值观

(一)优秀企业价值观的内涵

1. 利润不是最重要的

毋庸置疑,企业首先是一个经济实体,担负着为社会创造物质财富的使命。离开了对物质财富的创造,企业就失去了其存在的价值。同时,企业又是一个文化实体,担负着为社会创造精神财富的使命。"利润是生存的必要条件,而且是达成更重要目的的手段,但对很多高瞻远瞩的公司而言,利润不是目的,利润就像人体需要的氧气、食物、水和血液一样,这些东西不是生命的目的。但是,没有它们,就没有生命。"[①]

2. 企业即人

企业最重要的资源是人,是否具有正确的量人识才的标准和育人用才的观念,关系到企业的成败兴衰。

美国当代著名经济学家、人力资本理论的创始人、诺贝尔奖的获得者舒尔茨认为:"当代高收入国家的财富是什么构成的?主要是人的能力。"毋庸置疑,在现代社会中,人的价值、人力资源是任何组织竞争力的筹码。

日本是公认的现代企业管理成功的典范,日本许多企业将"事业即人"这句名言作为经营信条。松下幸之助说过:"企业是人的事业。""只有第一流的人才,才能生产出第一流产品。"以松下幸之助为代表的一批企业用它们成功的实践印证了人在管理中的核心地位。终身雇用制、年功序列工资制和企业工会是在日本国情和日本文化的背景下创立的三大文化支柱。

20世纪80年代之后,战略计划、自主管理和在职教育又成为新的三大法宝。这些归根结底都是弘扬一种尊重人、充分调动人的积极性、挖掘人的内在潜力的文化价值观。当代最卓越的企业家玛利·凯认为:每个人都具有内在潜力,这是企业无穷无尽的、最为宝贵的资源,管理者和企业家的任务就是把每个人的这种内在潜力充分发挥出来。通过满足企业员工的各种层次的物质、精神、文化的需求,形成一种和谐、向上、充分实现自我价值的

---

① 詹姆斯·C 柯林斯,杰里·波拉斯.基业长青[M].北京:中信出版社,2002.

良好氛围。

可以说,重视人作为生产力主体的地位和作用,重视人的个性对劳动活动的深刻影响,已成为现代管理理论成长的主导方向和现代企业管理经营的基本原则。尊重个性、尊重人的价值,必然成为这个时代的最强音。

3.顾客至上

保持良好的顾客服务是渗入大多数优秀企业的一种观念。在美国,"IBM 意味着服务"是极具代表性的口号。在中国,海尔对用户的产品服务上升到了精神服务的层面,将"用户至上"的理念全方位、多角度贯彻,最终实现企业口碑与消费者需求的双赢。在顾客服务方面,海尔从 1995 年提出的"星级服务",到后来的"一票到底""一站到位"等服务模式,海尔始终坚持"真诚到永远"的用户至上准则。创业至今,海尔始终严把监督,规范员工服务标准"不喝人家一口水、不吸人家一支烟"、虚心接受用户抱怨、根据抱怨改进产品和服务等服务款项,不仅赢得消费者的赞誉,更成为业界谈论的经典案例。在日本,"顾客至上"表现为对"第二次竞争"的高度重视。经济学家认为,产品从工厂生产出来,如何实现本身价值为"第一次竞争",产品的送货、服务、安装、咨询等是"第二次竞争",即产品附加值的实现问题。

(二)塑造优秀企业价值观的途径

1.发挥企业家在企业价值观培育中的作用

要培育有生命力的企业价值观,首要因素是企业家。作为企业领导者,企业家不但是企业价值观的倡导者,而且是企业价值观的实践者。企业家的身体力行,率先垂范,对员工起着重要的示范作用。

美国企业文化专家斯坦雷·M.戴维斯在其著作《企业文化的评估与管理》中指出:"不论是企业的缔造者本人最先提出主导信念,还是现任总经理被授权重新解释主导信念或提出新的信念,企业领导者总是文化的活水源头。如果领导者是个有作为的人,他就会把充满生机的新观念注入企业文化之中。如果领导者是个平庸之辈,那么企业的主导信念很可能会逐步退化,变得毫无生气。"

企业领导者之所以被称为企业价值观(企业文化)的"活水源头",是同他们的角色地位分不开的。因为他们是企业的最高领导者,他们对企业承担了更高的责任,相应地,他们对企业的经营哲学、企业精神、企业价值观也更具有影响力。同时,他们居于企业的核心位置,耳听八方,总揽全局,对如何发挥企业优势,通过什么方式与手段能够充分有效地调动员工的积极性方面,更容易形成真知灼见。

因此,企业家必须对建设企业文化和培育企业价值观有足够的认识和重视。

2.重视确立员工的个体价值观

人类价值观的形成是一种个性心理的积累过程,这不仅需要很久的时间,而且需要不断进行强化。心理学研究表明,人对事物认可的态度具有3种表现形式,即服从、认同、内化。

服从是因外部的某种作用而表现出来的被动性行为;认同虽然是自愿的,但主体对认同对象并未真正了解和接受;只有内化,才是个体价值观与评判对象完全吻合的一种表现。因此,内化才是最好的认可态度。对待企业提倡的价值观,员工的心理接受程度往往处于上述3种情况并存的状态。培育企业价值观,就是要促使员工完成从"服从"向"内化"方向的转变。在促成这种转变的过程中,一方面要加强宣传教育及必要的制度约束;另一方面企业的领导者要积极去倡导和推动。

3.在继承的基础上确立新的价值观

要想确立新的企业价值观,就要对企业的当下形势进行分析,明确企业的现有价值观及还需要哪些新的价值观。

企业价值观的继承和重塑也就是对传统价值观的扬弃与新观念的创造,它是培育积极向上的企业价值观的关键。如果一种价值观已深入人心,成为员工思想和行为的准则,那么,员工对工作、对自己的信念就会表现出高度的自觉性和坚定性。企业的价值观应该正确概括企业使命,只有这样才能获得广大员工的支持及赢得消费者的认同。

4.在发展中培育企业价值观

企业价值观是不断变化的动态的开放的体系。一方面企业价值观的形成是一个逐步的渐进过程;另一方面企业价值观需要根据企业的发展而不断进行调整、丰富和完善。企业价值观只能在一定时期具有相对稳定性并发挥其积极作用。一旦客观条件发生变化,就应该根据新的情况重新思考和修正。只有这样,企业价值观才能永远保持蓬勃向上的活力。

（三）企业价值观的发展

在西方企业的发展过程中，企业价值观经历了多种形态的演变，其中最大利润价值观、经营管理价值观和社会互利价值观是比较典型的企业价值观，分别代表了3个不同历史时期企业的基本信念和价值取向。

最大利润价值观，是指企业全部管理决策和行动都围绕如何获取最大利润这一标准来评价企业经营的好坏。

经营管理价值观，是指企业在规模扩大、组织复杂、投资巨额而投资者分散的条件下，管理者受投资者的委托，从事经营管理而形成的价值观。一般来说，除了尽可能地为投资者获利以外，还非常注重企业人员自身价值的实现。

社会互利价值观，是20世纪70年代兴起的一种西方社会的企业价值观，它要求在确定企业利润水平时，将员工、企业、社会的利益统筹起来考虑，不能厚此薄彼。

在当代社会，企业的一个最突出特征就是以人为本。虽然之前的企业也将人才培养放在重要地位，但是当时只限于将人才培养作为手段。当代企业的发展趋势是将人的发展视为目的，这是企业价值观方面的转变。

德国思想家康德曾经指出，在经历种种冲突、牺牲、辛勤斗争和曲折复杂的漫长路程之后，历史将指向一个充分发挥人的全部才智的美好社会。随着现代科学技术的发展，21世纪文明的真正财富，将越来越表现为人通过主体本质力量的发挥而实现对客观世界的支配。这就要求充分注意人的全面发展问题，研究人的全面发展，无论对于企业中的人，还是对全社会，都有着极其重要的意义。

随着后工业时代或者所谓知识经济时代的来临，环境的迅速变化，许多优秀的企业逐步从科学管理进入文化管理时代，如何调动全体员工的积极性，通过学习和创新来适应环境，成为战略管理的首要任务。在这种情况下，在20世纪90年代出现的愿景驱动式管理，开始成为一种新的战略管理模式，并迅速得到推广。

企业的愿景包括两个部分，分别是企业的核心信仰与未来景象。前者包括企业的核心价值观和核心使命，用于规定企业的基本价值观念和存在原因，是企业长期不变的因素。后者是企业未来10~30年里努力实现的宏大远景目标和对它的鲜活描述。它们是企业去创造，并需要重大变革和进步才能获得的东西。

核心信仰规定了企业的耐久性，是企业最基本持久的信念，具有内在性，独立于环境变化、竞争要求之外。核心信仰必须被企业的成员共享，是每一个员工所看重的价值,它在企业的形成过程是一个组织的自我实现过程。

未来景象能够激励企业的变革与进步。它明确而有力,是人们努力的目标,是团队的精神动力,通过对宏大远景目标的富有激情而坚定的描述,来激发员工的热情和动力。

愿景驱动的管理模式不仅要建立一个优秀的愿景,还需要创造各种有效的机制来保障核心信仰的保持和激发未来景象的变革。这些机制包括更有效的企业文化氛围,适合企业特点的员工甄选与培训,企业内部成长的领导者选择机制及永不满足的自我完善、自我超越机制等。

可以看出,愿景驱动是文化管理思想在战略管理思想中的一个集中体现,它第一次把价值观管理、企业文化的塑造和企业战略管理有效地统一起来,使软管理和硬管理统一起来,使企业制度同企业的核心信念统一起来,使个人的自我实现和组织的自我实现统一起来,把企业持续的成功和企业价值观的长期稳定统一起来。可以预见,愿景式驱动管理必将成为21世纪企业战略管理发展的新趋势。

第四节 麦肯锡公司的价值观是如何落地的

在本章前几节中,介绍了关于企业价值观的内容,在本节中,以麦肯锡公司为例,具体介绍企业价值观应用方面的案例。

麦肯锡公司是由James O. McKinsey于1926年创建的,同时他也开创了现代管理咨询的新纪元。现在麦肯锡公司已经成为全球最著名的管理咨询公司,在全球44个国家和地区开设了94个分公司或办事处。麦肯锡公司自成立以来,使命就是帮助领先的企业机构实现显著、持久的经营业绩改善,打造能够吸引、培育和激励杰出人才的优秀组织机构。

2018年3月23日,LinkedIn发布了2018年顶级企业报告,麦肯锡公司排名第13位。

在《麦肯锡传奇》中,介绍了其领导行为如何体现其公司价值观,其中主要包括以下6个内容。

第一,将客户的利益置于首位,把自我与工作分离。

第二,始终如一而又思想开放。

第三,以事实为根据,从一线出发解决问题。

第四,从全局背景的角度和后续行动的角度来看待问题与决策。

第五,激励并要求所有人拿出自己的最佳状态。

第六,反复宣讲公司的价值观,确保每一个人都能理解、接受这些价值观并落实到行动上。

价值观的体现在于价值标准的执行。共同的价值观是一种内在的思想认同,它的影响意义和实际体现是通过对价值标准的执行来实现的。麦肯锡公司不会简单地把"将客户的利益置于首位"的价值原则停留在口号上,在实际为客户提供管理咨询的价值创造过程中,如果没有达到真正的价值意义,他们宁愿放弃咨询报酬,重新将问题梳理分析,直到问题真正解决,为客户创造了预期价值为止。麦肯锡公司以价值创造来确定管理咨询收费,而不是像其他咨询公司那样采用按日计酬的费用收取方法,就体现了这一原则。麦肯锡公司曾经为一家美国著名广告公司修订内部价值原则,当看到在该公司创始人所列举的7条原则中的第一条就是"连年实现利润增长",就毫不客气地说:"任何一家服务性企业如果把利益看得比为客户服务更重要,那就活该倒闭。"结果,这家公司的创始人将"利润"原则放到了第7位。

麦肯锡公司良好的经济状况依靠的是良好的声誉和杰出的人才。麦肯锡公司认为:"如果依赖的是财务目标,就会影响公司保持独立性的能力,也就无法为客户提供最有价值的服务。"因此,麦肯锡公司没有将财务作为公司的内部商业系统,而是将如何为客户提供更好的服务作为公司的主题。

对价值观的坚持和遵循,实际上就是一种价值的延续和传承,只有以价值观为核心的企业文化才能够长久不断地传递下去,也只有通过价值观的永续传承才能创造企业长远的价值和持续的发展。在现代管理模式复制变得日趋容易的时代,先进的管理模式已经在发展中不具备太大的优势,但是引导企业成功的独一无二的价值观却不能够被轻易地模仿和复制,而这正是企业竞争力的核心优势所在。同样,在管理变革日益频繁的环境下,唯有价值观是不能够轻易改变的,也是企业在不断创新过程中不能放弃的核心利益所在。

第五章 企业文化建设路径研究

> 本章主要按照"诊断—构建—落地"的流程来研究企业文化的建设路径。首先,要对企业文化进行诊断;其次,系统构建完整的企业文化体系;最后,企业文化的落地与评估。

第一节 通过诊断评估来明确企业文化的现状和建设方向

根据企业文化建设的流程,首先要对企业文化进行诊断,从中梳理出企业在成长过程中沉淀下来对企业发展具有推动作用的优秀的文化因子和对企业发展起到破坏性与阻碍作用的文化因子,这是文化建设项目的基础或者说是关键步骤。它要求客观、真实地反映企业的成长历程,涉及的层面越细、挖掘得越深、分析得越透彻、含有的水分越少,对后面提出、形成企业文化新的理念体系工作越有利。

一、企业文化调研诊断

(一)企业文化调研诊断的思路和方法

企业文化调研诊断的思路和方法如图5-1和图5-2所示。

CCO(The Culture of Competitive Orientation)模型是建立与企业核心竞争力提升相匹配的企业文化的研究思路。

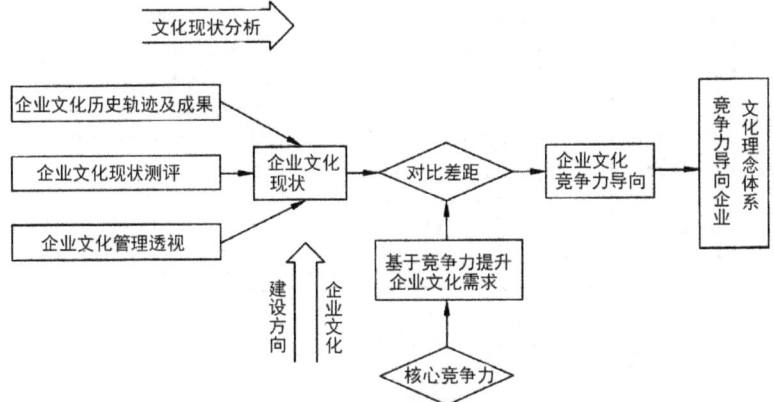

图 5-1　研究思路——竞争力导向企业文化(CCO)模型

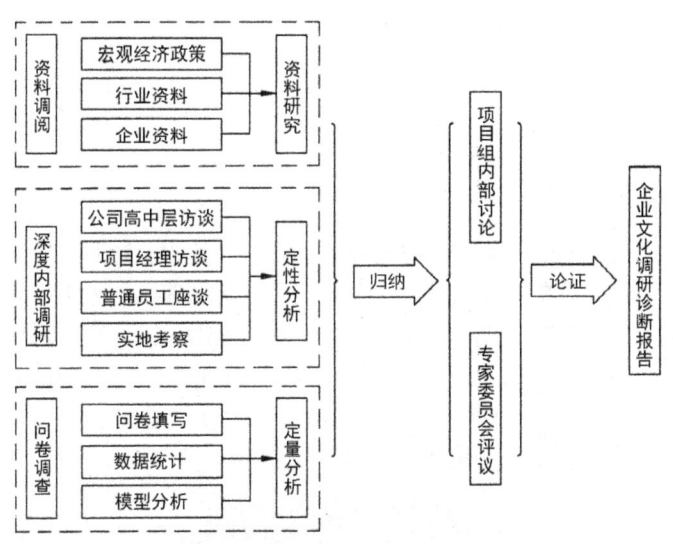

图 5-2　调研方法

(二)企业文化调研的内容

企业文化调研的内容主要涵盖企业管理、文化要素、竞争环境、战略规划等方面,具体如图 5-3 所示。

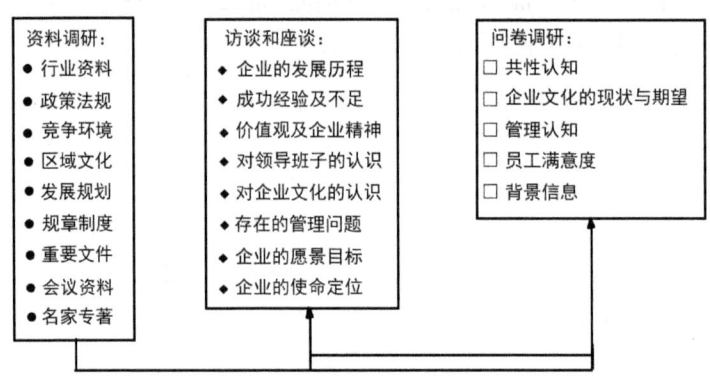

图 5-3　企业文化调研的内容

(三) 企业文化的"追根溯源"

1. 企业的成长与发展历程

通过客观分析企业的成长与发展历程,从中整理找出企业文化的自身特点和优秀文化因子。

2. 仔细分析企业文化的成因

企业文化是多方面因素共同作用的结果。其中,企业环境(企业环境是指企业经营所处的社会环境,包括市场、股东、顾客、企业员工、竞争对手、技术、政府、法律等多方面)对企业文化的形成和发展具有重要影响。企业文化与企业环境之间的适应性决定了企业经营业绩,企业文化对企业环境适应性越强,企业经营业绩就越大;企业文化的环境适应性越弱,企业经营业绩就越小。企业文化的成因如图5-4所示。

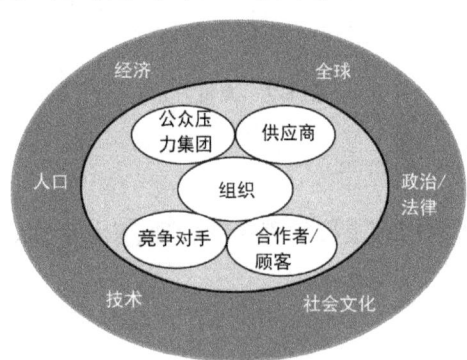

图 5-4　企业文化的成因

3.企业管理理念透视

企业离不开管理,管理需要理念支撑。企业文化指导着企业管理,企业管理充实着企业文化;企业文化体现着企业管理,企业管理制约着企业文化。企业文化与管理相互影响,随着客观因素不断完善自身,让企业经营向更好方向发展。

4.员工满意度

企业员工满意度涉及的内容较多,主要有:工作的福利待遇、自己工作的氛围、薪酬、培训进修机会、与直接领导的关系、直接领导决策的能力、工作与生活的平衡、工作中的晋升机会、与同事的关系、直接领导对待自己的方式等。

二、企业文化诊断评估指标体系设计

要科学评价一个企业文化建设发展状况,就必须建立一个科学的评估指标体系。通过对企业文化评估指标体系的构建、权重的确定及其具体操作进行详细的描述,指出企业文化研究应该将定性研究与定量研究相结合。通过企业文化评估指标体系对企业文化各个层面进行精准的量化,从而帮助企业找出企业文化中所存在的问题,并加以改进,使其对企业的经营和发展起到促进作用。

(一)评估指标变量分析

南开大学张仁德、霍洪喜教授的"模糊评价模型"中有5个变量:

价值观——企业文化的核心,组织的基本信念和思想;

行为规范——企业日常生活中的惯例和常规,由此产生员工的工作态度和行为方式;

环境适应性——企业文化对企业环境的适应程度及随着企业环境的变化而能不断变革的程度;

企业形象——企业文化的外在综合体现,是社会公众特别是消费者对企业的评价和印象,表现的是外部对企业的认可程度;

文化网络——企业文化传播的载体和渠道。

(二)定量指标体系

依照上述5个变量,分别建立下列定量指标(A、B、C分值为1分、0.5

分、0 分),如表 5-1 所示。

表 5-1 定量指标体系

价值观测量指标	1	员工竞争意识与进取精神	A.强	B.一般	C.差
	2	员工团队精神和集体观念	A.强	B.一般	C.差
	3	员工创新意识和冒险观念	A.强	B.一般	C.差
	4	企业规章制度有效执行率	A.强	B.一般	C.差
	5	企业管理水平和员工工作自主性	A.强	B.一般	C.差
行为规范测量指标	1	员工的工作动机	A.高	B.中	C.低
	2	员工工作满意度	A.高	B.中	C.低
	3	员工对企业发展的关心程度	A.高	B.中	C.低
	4	工作责任感和主动性	A.高	B.中	C.低
	5	对企业的忠诚度及自豪感	A.高	B.中	C.低
环境适应性	/	/	/	/	/
企业形象测量指标	1	消费者对企业的评价和印象	A.好	B.一般	C.差
	2	企业品牌市场竞争力	A.好	B.一般	C.差
	3	企业产品市场占有率	A.好	B.一般	C.差
	4	企业顾客满意率	A.好	B.一般	C.差
	5	企业公益活动参与率	A.好	B.一般	C.差
文化网络测量指标	1	内部报纸杂志宣传功效	A.好	B.一般	C.差
	2	企业网站建设运行状况	A.好	B.一般	C.差
	3	企业内部成员信息沟通渠道畅通状况	A.好	B.一般	C.差
	4	企业集体活动组织状况	A.好	B.一般	C.差
	5	企业文化公众认知率	A.好	B.一般	C.差

(三)评估指标计算模型

假设某企业文化的评价要素集为:

$A = (a_1, a_2, a_3, a_4, a_5) = ($价值观,行为规范,环境适应性,企业形象,文化网络)。

各评价要素的权重分配为:

$C = (0.40, 0.15, 0.30, 0.05, 0.10)$,权重的确定可以估测,也可以用数学

方法计算。

设评判集为：

$B = (b_1, b_2, b_3, b_4, b_5) = (最佳,较好,一般,较差,极差) = (5,4,3,2,1)$。

假设由 9 名专家组成专家评测组,结合指标体系分别对 A 中的各要素做出评测,结果列于表 5-2。

表 5-2　各要素测评结果

评分要素	评分等级				
	b_1	b_2	b_3	b_4	b_5
价值观	0	4	3	2	0
行为规范	2	5	2	0	0
环境适应性	0	2	3	3	1
企业形象	0	3	4	2	0
文化网络	0	4	4	1	0

计算有 $E = (0.0333, 0.388\ 98, 0.333\ 28, 0.211\ 08, 0.0333)$。也就是说,有 3.3% 的人认为该企业的企业文化状况为最佳,38.9% 的人认为较好,33.3% 的人认为一般,21.1% 的人认为较差,3.3% 的人认为极差。按最大隶属原则,该企业的企业文化状况应为较好。

最后得出该企业文化水平的最终分值为：$Q = E \times B = 3.175$（分）。当然,获得企业文化的得分并不是最终目的,最终目的是通过对企业文化的精确计量,正确客观评价当前的企业文化体系,并能结合企业的特点,有所发展和创新,持续提升企业文化的整体水平。

总之,企业文化的指标体系应该随企业所在行业特点而有所区别,甚至应该有定性和定量评价两种方式。透过表象探究企业文化发展实况,并进而为更好发展企业文化提供指导服务是建立企业文化诊断评估体系的根本目的。

三、企业文化适应性和测评工具

企业在招聘人员时,会根据自身倡导的文化及其对员工个性心理品质的要求进行筛选。这有助于保证所招聘到的人才具备接受和践行公司倡导文化的基本潜质,也可以降低企业因招聘、培训、人员重置等直接成本和因为职位的空缺而引起的机会成本。

认同企业的文化其实就是企业文化的适应性问题,它是关系到大方向的问题,关系到能不能持续的问题。作为企业的招聘人员必须要对企业的目标、策略、文化和价值有着很好的理解,并以此作为招聘过程中评估应聘者的一个重要依据。

(一)企业文化适应性"四度一体"标准

不同企业的文化有所不同,考查角度也不一样。企业根据实际需要可从以下4个方面考查应聘者:对企业的诚信度、对岗位的敬业度、对同事的融合度、与企业核心价值观的吻合度,简称"四度"。这些测评维度是内在隐性的东西,它们埋藏在应聘者内心深处、流露于应聘者日常言行举止中,对其如何准确测评需要讲究技巧。因此,招聘时会让应聘者充分放松,释放内心,真实表现。通过测评分析,就能很明显地看出应聘者的企业文化偏向,有助于找出适合企业发展的员工类型。"四度一体"模型如图5-5所示。

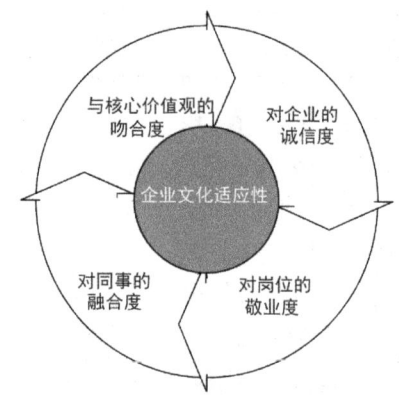

图 5-5 "四度一体"模型

企业文化适应性"四度一体"标准具体如表5-3所示。

表 5-3 企业文化适应性"四度一体"标准

对企业的诚信度	能够自觉维护企业的形象和保守商业秘密
	能够为人处世态度真诚,心胸大度、坦荡
	能够对所要从事的工作量力而行,并富有进取心
对岗位的敬业度	能够发自内心地热爱本职工作
	能够高度认同就职企业
	能够在工作中恪守职责

续表

对同事的融合度	能够和同事相互包容与学习	
	能够和同事协作共同进步	
	能够和同事友爱团结互助	
个人价值观与企业核心价值观的吻合度(以某企业核心价值观为例)	讲诚信	能够依法合规地开展工作
		能够对决策负责,不推卸责任
		能够对工作中出现的问题和疏漏及时汇报或通报
		能够自觉保守公司的商业秘密和维护公司的信誉
	会创新	有创新意识,能够自主自发地去创新
		善于在各种环境和条件中寻找与把握机遇,务求发展
		能够在技术、产品、管理、体制、服务等方面有所创新
		能够正确面对和宽容创新失败
	重责任	能够遵法守则,恪守职责
		能够兢兢业业,迎难而上,勇于承担责任
		能够打破岗位和部门界限,致力做好沟通与合作
		能够对企业、合作伙伴、客户、社会和家庭负责
	能共赢	能够顾大局,识大体,讲团队
		能够真诚服务,乐于奉献
		能够主动分享知识、经验、信息,建立互信、互补关系
		能够把企业、合作伙伴、客户和社会利益置于个人利益之上

(二)工具一:企业文化适应性"三步"测评工具

企业文化适应性"三步"测评工具分为个人历史资料分析、细微问卷考查、细微面谈3个步骤进行。

1.测评工作具体步骤和安排

测评分析工作安排如表5-4所示。

表 5-4　测评分析工作安排

	考查程序	考查主体	每步分值/分	所占权重/%
企业文化适应性	个人历史资料分析	人力资源部	5	20
	细微问卷考查	人力资源部	5	40
	细微面谈	企业总经理	5	40
计分方法	合计权重得分——每步平均得分×权重 文化适应性得分——三步合计权重得分相加			
文化适应性判断	文化适应性得分在4~5分为最好;3~4分为好;3分以下为差			

2.考查评估步骤

(1)个人历史资料分析

通过简历筛选,可了解其基本信息、成长经历,进而察看其天赋、勤奋、组织、协调、品行等,间接了解与"四度"要求的匹配性。填写不认真,丢三落四的简历应是简历筛选首先需要淘汰的。

评分提示:简历筛选人对所选中简历,用简短的语言对应聘者行为要点进行摘录,做出判断后用"√"进行打分,并算出合计权重得分。

个人历史资料评分如表5-5所示。

表 5-5　个人历史资料评分

填写人	考查目的	考查项目	行为要点记录	评分
人力资源部	企业文化适应性	对企业的诚信度		1 2 3 4 5
		对岗位的敬业度		1 2 3 4 5
		对同事的融合度		1 2 3 4 5
		与核心价值观的吻合度		1 2 3 4 5
合计权重得分				

(2)细微问卷考查

设置相关开放性题目,涉及应聘者生活、工作、家庭等方面,让应聘者在安静的环境中作答,还要限定时间与回答字数,以保证应聘者回答是基于其直觉反应的,而且回答内容的充分性足以作为了解"四度"的依据。考查问卷如下。

考查问卷

姓名 _____ 应聘岗位 _____

答题说明：每题作答40字以上，分值为5分，30分钟内完成。

考查题目：

(1) 如你是刚毕业的学生，请对你现在的学校资源优势和劣势做个分析，并谈一下个人感受；如你已是从业人员，请你对就近或将要出来的单位的资源优势和劣势做个分析，并谈一下个人感受。

(2) 你认为自己应聘这份工作有什么优势，如何面对新的考验？

(3) 在上一份工作或学习期间你做的最为满意的事情是什么？请简单描述一下事情经过，并谈一下心得。

(4) 你在以前的学习和工作中经常加班吗？你怎样看待加班现象？

(5) 请谈一下家庭对你的影响，包括好的方面与不好的方面。

(6) 你喜欢与什么类型的人交往，不喜欢与什么类型的人交往？你认为和同事在工作中应保持什么样的关系？

(7) 你接下来希望到一个怎样的公司工作？请你尽可能清楚地描述它。

(8) 某企业的核心价值观是"诚信、创新、责任、共赢"，根据你应聘的岗位分别谈谈你如何融入和做到。

评分提示：问卷中的题目(1)~(2)题、(3)~(4)题、(5)~(6)题、(7)~(8)题分别考查应聘者对企业的诚信度、对岗位的敬业度、对同事的融合度、与核心价值观的吻合度，做出判断后用"√"进行打分，并算出合计权重得分，如表5-6所示。

表5-6 问卷评分

填写人	考查目的	考查项目	得分
人力资源部	企业文化适应性	对企业的诚信度	1 2 3 4 5
		对岗位的敬业度	1 2 3 4 5
		对同事的融合度	1 2 3 4 5
		与核心价值观的吻合度	1 2 3 4 5
		合计权重得分	

(3) 细微面谈

通过随意轻松的谈话引导应聘者畅所欲言，追溯其人生经历中的心理发展与行为习惯的形成，从中探测其"四度"状况。面谈话题最好是从应聘者的童年、学校或家庭生活谈起，逐渐拉近距离，最后才涉及工作方面，因为在工作以外的领域一个人更容易流露其价值取向。这种方式耗时较长,要求招聘人员有较强的沟通能力,善于倾听、敏锐体验、层层诱导。

评分提示:面谈人在面谈过程中,用简短的语言对应骋者行为要点进行摘录,做出判断后用"√"进行打分,并算出合计权重得分,如表5-7所示。

表5-7 招聘面试评分

填写人	考查目的	考查项目	行为要点记录	评分
企业总经理	企业文化适应性	对企业的诚信度		1 2 3 4 5
		对岗位的敬业度		1 2 3 4 5
		对同事的融合度		1 2 3 4 5
		与核心价值观的吻合度		1 2 3 4 5
合计权重得分				

3. 总体考查汇总及审批

进行完以上三步,由人力资源部对应聘者企业文化适应性考查计算出最终得分,然后上报到负责招聘的总经理那里进行审批,如表5-8所示。

表5-8 总体考查汇总及审批

填写人	考查目的	最终得分
人力资源部	企业文化适应性	
总经理意见	审批意见: 签字: 日期:	

(三)新员工入职后,核心价值观考核方案

新员工入职后,将会接受企业文化方面的培训。新员工经过培训和在企业里的工作、生活体验,将会对企业的企业文化有更多的了解和认同。

企业为将其倡导的核心价值观及其行为模式与员工的具体工作行为相比照,促使员工努力实现工作改进,通过对员工践行核心价值观的考核量表,对员工根据企业核心价值观及其行为要求实施行为改进的情况进行监控与评估。考核结果与职位晋升、岗位/职级工资晋升的机制挂钩。

评分提示:面谈人在面谈过程中,用简短的语言对被考查者行为要点进行摘录;员工所在部门主管和人力资源部做出判断后用"√"进行打分;合格意见,低于3分的打"否",高于3分的打"是"。具体计算如下:

每项合计平均得分=(主管得分+人力资源得分)/2;

第五章 企业文化建设路径研究

最终平均得分=(主管 16 项的平均得分+人力资源 16 项的平均得分)/2。

综合意见由人力资源部给出,主要是对被考查者企业文化适应性现状做简单的评价,并提出努力方向的建议。

考查判断标准:得分在 4~5 分为最好;3~4 分为好;3 分以下为差。核心价值观适应性考核,如表 5-9 所示。

表 5-9 核心价值观适应性考核

核心价值观	适应性标准	员工自我从行为和事例陈述摘要	主管评分	人力资源部评分	合计平均得分	合格意见
诚信	能够依法合规地开展工作		1 2 3 4 5	1 2 3 4 5	1 2 3 4 5	是 否
	能够对决策负责,不推卸责任		1 2 3 4 5	1 2 3 4 5	1 2 3 4 5	是 否
	能够对工作中出现的问题和疏漏及时汇报或通报		1 2 3 4 5	1 2 3 4 5	1 2 3 4 5	是 否
	能够自觉保守公司的商业秘密和维护公司的信誉		1 2 3 4 5	1 2 3 4 5	1 2 3 4 5	是 否
创新	有创新意识,能够自动自发地去创新		1 2 3 4 5	1 2 3 4 5	1 2 3 4 5	是 否
	能够善于在各种环境和条件中寻找与把握机遇,务求发展		1 2 3 4 5	1 2 3 4 5	1 2 3 4 5	是 否
	能够在技术、产品、管理、体制、服务等方面有所创新		1 2 3 4 5	1 2 3 4 5	1 2 3 4 5	是 否
	能够正确面对和宽容创新失败		1 2 3 4 5	1 2 3 4 5	1 2 3 4 5	是 否

续表

核心价值观	适应性标准	员工自我从行为和事例陈述摘要	主管评分	人力资源评分	合计平均得分	合格意见
责任	能够遵法守则,恪守职责		1 2 3 4 5	1 2 3 4 5	1 2 3 4 5	是 否
	能够打破岗位和部门界限,致力做好沟通与合作		1 2 3 4 5	1 2 3 4 5	1 2 3 4 5	是 否
	能够兢兢业业,迎难而上,勇于承担责任		1 2 3 4 5	1 2 3 4 5	1 2 3 4 5	是 否
	能够对企业、合作伙伴、客户、社会和家庭负责		1 2 3 4 5	1 2 3 4 5	1 2 3 4 5	是 否
共赢	能够顾大局,识大体,讲团队		1 2 3 4 5	1 2 3 4 5	1 2 3 4 5	是 否
	能够主动分享知识、经验、信息,建立互信互补关系		1 2 3 4 5	1 2 3 4 5	1 2 3 4 5	是 否
	能够真诚服务,乐于奉献		1 2 3 4 5	1 2 3 4 5	1 2 3 4 5	是 否
	能够把企业、合作伙伴、客户和社会利益置于个人利益之上		1 2 3 4 5	1 2 3 4 5	1 2 3 4 5	是 否
最终平均得分和综合意见						

(四)工具二:企业文化适应性"四度"测评工具

企业文化适应性测评工具,主要是以笔试的方式从对企业的认可度、对岗位的敬业度、对同事的融合度、与企业核心价值观的吻合度4个方面的标准来考查应聘者,简称"四度"。

1.评分提示

①问卷中的题目1、4、7、10、13、16、19、22、25、28,题目2、5、8、11、14、17、20、23、26、29,题目3、6、9、12、15、18、21、24、27、30,题目31(诚信)、题目32(创新)、题目33(责任)、题目34(共赢)分别考查应聘者对企业的诚信度、对岗位的敬业度、对同事的融合度、与核心价值观的吻合度。

② 1~30题为单项选择题,评分标准(A:1分、B:2分、C:3分、D:4分、E:5分)。

③ 31~34题,正确答案是31(ACDE)、32(ABCD)、33(BCDE)、34(CDEF),每题每选对一项给1分,全选对5分。

④ 35题是对应聘者文化倾向的考查,不记分,只作为参考。

⑤根据每一度得出的平均分,算出综合平均得分。

2.综合评分(表5-10)

表5-10 综合评分

填写人	考查目的	考查项目	平均得分
人力资源部	企业文化适应性	对企业的诚信度	
		对岗位的敬业度	
		对同事的融合度	
		与核心价值观的吻合度	
综合平均得分			
企业文化适应性评价:			企业文化适应性得分在4~5分为最好;3~4分为好;3分以下为差

3.考查问卷

问卷考查

姓名_____ 应聘岗位_____

答题说明:1~30题为单项选择题,31~34题为多项选择题,35题为简答题,30分钟内完成。

考查题目:

单项选择题

1. 在我身边背叛感情的人和事太多。（　　）
　　A.非常同意　　　　　B.比较同意　　　　　C.一般
　　D.比较不同意　　　　E.非常不同意

2. 我拥有良好的个人成长与职业发展机会。（　　）
　　A.非常不同意　　　　B.比较不同意　　　　C.一般
　　D.比较同意　　　　　E.非常同意

3. 我愿意和更多的同事保持良好的关系。（　　）
　　A.非常不同意　　　　B.比较不同意　　　　C.一般
　　D.比较同意　　　　　E.非常同意

4. 现实生活中老实人总是吃亏。（　　）
　　A.非常正确　　　　　B.比较正确　　　　　C.一般
　　D.比较不正确　　　　E.非常不正确

5. 我可以选择如何最合理地完成工作。（　　）
　　A.非常不同意　　　　B.比较不同意　　　　C.一般
　　D.比较同意　　　　　E.非常同意

6. 工作遇到困难时,我能够向周边的大多数同事请求帮助。（　　）
　　A.非常不同意　　　　B.比较不同意　　　　C.一般
　　D.比较同意　　　　　E.非常同意

7. 我发现大多数人认为"马无夜草不肥,人无横财不富"。（　　）
　　A.非常同意　　　　　B.比较同意　　　　　C.一般
　　D.比较不同意　　　　E.非常不同意

8. 我能在工作与生活之间保持适度的平衡。（　　）
　　A.非常不同意　　　　B.比较不同意　　　　C.一般
　　D.比较同意　　　　　E.非常同意

9. 我能够经常主动向上司汇报工作或请示工作。（　　）
　　A.非常不同意　　　　B.比较不同意　　　　C.一般
　　D.比较同意　　　　　E.非常同意

10. 我认为大多数人在不受惩罚的前提下,都会干损人利己的事。（　　）
　　A.非常同意　　　　　B.比较同意　　　　　C.一般
　　D.比较不同意　　　　E.非常不同意

11. 必要时,我可以同上司进行有效沟通。（　　）
　　A.非常不同意　　　　B.比较不同意　　　　C.一般
　　D.比较同意　　　　　E.非常同意

12. 涉及利益的时候,我首先想到的是谦让。（   ）
    A.非常不同意   B.比较不同意   C.一般
    D.比较同意   E.非常同意

13. "人活一口气,树活一张皮",我对这个问题的认识是(   )。
    A.非常不同意   B.比较不同意   C.一般
    D.比较同意   E.非常同意

14. 我可以坦然面对工作中存在的加班现象。（   ）
    A.非常不同意   B.比较不同意   C.一般
    D.比较同意   E.非常同意

15. 在工作中我总是做到对事不对人。（   ）
    A.非常不同意   B.比较不同意   C.一般
    D.比较同意   E.非常同意

16. 也许我太善良,我上的当要比别人多一些。（   ）
    A.非常同意   B.比较同意   C.一般
    D.比较不同意   E.非常不同意

17. 对我的工作成就,除了薪酬以外,我能够获得肯定。（   ）
    A.非常不赞成   B.比较不赞成   C.一般
    D.比较赞成   E.非常赞成

18. 工作中有了成绩,我认为这是自己努力的结果。（   ）
    A.非常同意   B.比较同意   C.一般
    D.比较不同意   E.非常不同意

19. 社会上很多不法分子逍遥法外。（   ）
    A.非常正确   B.比较正确   C.一般
    D.比较不正确   E.非常不正确

20. 我的工作能够促进公司获得成功。（   ）
    A.非常不同意   B.比较不同意   C.一般
    D.比较同意   E.非常同意

21. 我认为一个好的管理者应和自己团队成员好得像家人一样。（   ）
    A.非常不同意   B.比较不同意   C.一般
    D.比较同意   E.非常同意

22. 我的熟人中被他人骗的事较多。（   ）
    A.非常同意   B.比较同意   C.一般
    D.比较不同意   E.非常不同意

23. 我可以根据自己的实际情况,灵活地调整个人工作日程。（   ）
    A.非常不同意   B.比较不同意   C.一般
    D.比较同意   E.非常同意

24.当同事向我求助时,我第一反应是看能不能尽力帮他们。(　　)
　　A.非常不同意　　　　B.比较不同意　　　　C.一般
　　D.比较同意　　　　　E.非常同意

25.我认为名牌或高质地的服装对提升一个人的形象和身份(　　)。
　　A.毫不重要　　　　　B.不太重要　　　　　C.一般
　　D.比较重要　　　　　E.非常重要

26.即便偶尔会出现差错,也不会影响我继续尝试新事物。(　　)
　　A.非常不同意　　　　B.比较不同意　　　　C.一般
　　D.比较同意　　　　　E.非常同意

27.我愿意和同事分享成功经验和信息。(　　)
　　A.非常不同意　　　　B.比较不同意　　　　C.一般
　　D.比较同意　　　　　E.非常同意

28.周围的人认为我很谨慎。(　　)
　　A.非常不同意　　　　B.比较不同意　　　　C.一般
　　D.比较同意　　　　　E.非常同意

29.我高度认可公司的使命,并愿意为之尽最大努力。(　　)
　　A.非常不同意　　　　B.比较不同意　　　　C.一般
　　D.比较同意　　　　　E.非常同意

30.公司组织集体活动,我总是义无反顾地积极参加。(　　)
　　A.非常不同意　　　　B.比较不同意　　　　C.一般
　　D.比较同意　　　　　E.非常同意

多项选择题(至少选2项)

31.在工作中你认为做到"诚信"应是(　　)。
　　A.依法合规地开展工作
　　B.千方百计地为公司创造效益
　　C.对决策负责,不推卸责任
　　D.对工作中出现的问题和疏漏及时汇报或通报
　　E.自觉保守公司的商业秘密和维护公司的信誉
　　F.不诽谤他人

32.在工作中你认为做到"创新"应是(　　)。
　　A.自动自发地去创新
　　B.善于在各种环境和条件中寻找与把握机遇,务求发展
　　C.在技术、产品、管理、体制、服务等方面有所创新
　　D.正确面对创新失败
　　E.创新风险太大,尽量避免
　　F.在公司领导的要求下进行创新

33.在工作中你认为做到"责任"应是(　　　　)。

　　A.主动帮助同事完成工作

　　B.遵法守则,恪守职责

　　C.打破岗位和部门界限做好沟通与合作

　　D.兢兢业业,迎难而上

　　E.对企业、合作伙伴、客户、社会和家庭负责

　　F.公司至上

34.在工作中你认为做到"共赢"应是(　　　　)。

　　A.公司应该多为员工的发展提供条件

　　B.有好处大家平均摊

　　C.顾大局、识大体、讲团队

　　D.主动分享知识、经验、信息

　　E.真诚服务,乐于奉献

　　F.把企业、合作伙伴、客户和社会利益置于个人利益之上

简答题(不少于100字)

35.你接下来希望到一个怎样的公司工作?请你尽可能清楚地描述它。

第二节　系统构建完整的企业文化体系

　　企业文化理念体系的构建要体现在创新上,而对创新的实现要在忠诚和热爱上下功夫。要忠诚于企业的发展历程,要忠诚于民族文化、地域文化、行业文化(包含国内外)、时代发展潮流、企业的经营宗旨和发展规划。在理念体系的支撑下,还要做好制度、行为体系和物质传播体系,使得企业文化体系完整,虚实结合,易于落地和深植。

一、企业文化手册框架

一是企业简介。

二是文化标识和释义。

三是品牌宣传语。

四是领导致辞。

五是事业篇(包括企业使命、企业愿景、组织氛围、品牌形象、社会责任)。

六是价值理念篇(包括核心价值观、企业精神、经营理念、管理理念、发

展理念、市场理念、质量理念、安全理念、服务理念、人才理念、团队理念、品牌理念、廉政理念等)。

七是员工行为规范和礼仪篇(行为规范如企业道德、职业操守、日常工作规范、领导行为规范、管理行为规范、员工行为规范、安全施工行为规范、质量保证行为规范,礼仪规范如仪容仪表、举止言语要求、接打电话、接待、拜访、面对领导、对待下属、同事相处、与会工作、就餐、文明礼貌用语、升旗仪式、招投标商务谈判礼仪、庆典礼仪、上访投诉处理等)。

八是企业荣誉。

九是企业大事记。

二、企业文化培训教材框架

(一)企业文化基础知识

企业文化基础知识主要包括企业文化的定义、内涵、作用、建设途径等,其目的是让员工对企业文化有所认识。

(二)企业文化手册的内容

企业文化手册涵盖的主要内容包括:企业简介、文化标识和释义、品牌宣传语、领导致辞、事业篇、价值理念篇、员工行为规范和礼仪篇、企业荣誉、企业大事记。

第三节 企业文化的落地与评估

企业文化的实施是新文化落地的保证,在实施过程中当事人要忠诚于每一个环节、每一个步骤、每一个事项,把工作做实、做细。通过企业文化工作的贯彻落实和员工的积极参与,使得企业文化在企业落地生根、开花结果,让员工更加热爱企业,具有企业荣誉感。

企业文化实施规划全面阐述了3~5年企业文化实施规划的指导思想与工作原则,提出企业文化实施规划的总体目标,细化了企业文化实施规划的行动要点,明确企业文化实施规划的评价与监督。企业文化实施规划是企业文化实施的行动指南和评价标准。

第五章 企业文化建设路径研究

一、企业文化实施规划的指导思想

企业文化实施规划是结合企业自身的实际情况制订和实施的。在实施过程中,必须从实际出发,坚持以人为本的管理原则,坚持以仁为本的核心价值观理念,使价值理念深植入脑、深入人心。通过有效的传播,形成企业特有的文化力。

企业文化实施规划的实施必须以各级管理者为主导,以企业全体员工为主体。企业文化实施规划的实施过程,就是企业全体成员,尤其是企业的管理人员自我反思、自我扬弃与自我提升价值理念的过程,是企业成员将价值理念落实到自身日常行为的过程。企业员工参与企业文化实施规划的程度是企业文化建设的关键。

二、企业文化实施规划的主要目标

企业文化实施规划的核心是把企业的价值理念根植于员工的心中,贯彻到每一位员工的行动中,体现到企业的组织行为中。通过企业文化实施规划的实施,充分发挥企业文化的导向作用、凝聚作用和管理作用,提升管理层的系统思考能力,促进员工的全面成长,提升企业的品牌价值,塑造良好的企业形象,增强企业的竞争优势,培育企业的核心能力,为成就企业长青基业打下稳固的文化基石。

(一)服务于企业总体目标

企业文化建设并没有一个独立的目标,而是必须紧紧服务于企业总体目标。通过广泛、深入的沟通厘清企业的目标体系、达成共同愿景,从管理层到全体员工自觉地将人生价值与企业价值相融合,并在此基础上汇聚人心、鼓舞士气、戮力同心,为实现企业的共同目标而奋斗。

企业的愿景是清晰的,企业文化实施规划的实施就是以这一愿景为归依,使企业完成系统思考和统筹安排,健全企业管理体系,形成开诚布公、实事求是的沟通氛围,建立扬长避短的用人机制,培育知识共享的学习氛围,完善求实创新的发展机制,促进企业的不断成长,不断超越社会的期望,成为高品质服务的典范。

(二)促进管理层统一思想

管理层能否思想统一、行为一致,决定着企业管理的成效,也影响着员工对待企业文化建设的态度。企业的各级管理者必须做到通晓并熟练地运用企业文化实施规划所倡导的价值理念体系,自觉地依据价值理念调整自己的工作思路和管理方式,主动承担促进员工成长的责任,在企业内培育彼此褒奖、相互欣赏、共同学习的氛围,成为企业文化的倡导者和示范者。

(三)推动员工职业化建设

通过企业文化实施规划的实施,推动管理体系的完善,为员工"通过创造社会价值实现自身价值"构建坚实的平台,不断激发员工自身的责任意识和贡献意愿;通过行为规范、制度规范和管理规范,促使员工在工作实践中养成良好的职业道德行为,勤俭节约、不贪不占、尽职敬业,时时处处珍惜和维护好企业的形象。

(四)向客户和社会广泛传播

通过企业文化实施规划的实施,彰显企业"实现自我,回报社会"的生存理念和价值理念,通过安全、优质、环保、集约、高效的社会服务,将企业文化向社会有效传播,树立起企业美誉度、幸福度的社会形象,使社会公众和客户对企业有亲切感、认同感、信赖感,从而营造和谐融洽的经营环境。

三、企业文化落地(内部)的 3 个阶段与外部条件

(一)企业文化落地(内部)的 3 个阶段

根据行为科学实证研究成果,要达到员工自觉遵循企业倡导的理念及其行为要求,须经历知、信、行 3 个阶段(表 5-11)。

表 5-11　知、信、行 3 个阶段

阶段	员工心理过程	组织管理过程
知	了解、知道公司倡导的理念及行为要求	培训、传播等

续表

阶段	员工心理过程	组织管理过程
信	开始相信公司宣称的文化理念	根据不同反应,实施针对性管理: 对支持者,加强正强化(认可、鼓励、奖励等); 对迟疑者,加强说服(领导言传身教、榜样示范等); 对否定者,一方面,进一步强化说服和正强化,促使其态度转化;另一方面,在必要情况下实施淘汰
行	行动反应,自己开始依照文化理念的要求有所行动	相关制度与流程的修改; 通过关键绩效指标(KPI)对员工的行为进行约束; 其他针对性的组织机制

(二)企业文化落地的外部条件

企业的公共形象本质上表现为各方利益相关者(股东、员工、客户、供应商、同业者、社会公众等)对企业的看法与态度。从企业文化建设的角度看,企业的公共形象之所以能得到提升,必须具备以下前提条件。

①各方利益相关者了解公司倡导的理念,尤其是企业对利益相关者的价值承诺和政策。

②与这些利益相关者直接或间接接触的企业员工,其行为贯彻了公司倡导的理念,尤其是兑现了企业对利益相关者的价值承诺和政策。

四、企业文化实施规划的要点提示

企业文化的实施涉及企业的方方面面,为了保证企业文化实施规划实施的整体效果和关键指标,特对企业文化实施规划的8个要点加以说明和提示。

(一)充分认识企业文化建设的困难和艰巨性

企业文化建设是一项艰巨的任务,在企业文化实施规划的实施过程中必然存在一些困难。这些困难首先是来自思想认识上的,有的员工对企业文化存在误解和偏见,对企业文化建设不理解、不重视,这对企业文化建设的深入展开形成了障碍。其次,企业文化实施规划的实施过程,是各级管理干部和广大员工自我反省、自我超越的过程,是对自身思想深处价值观的检讨过程,是对自身惯性思维方式、行为方式的反思、改进过程。人是倾向于维持均衡状态的,文化的变革与演进通常需要外界压力提供强大的动力,使组织及其成员的变革的动力大于自身惯性的阻力。企业的文化建设是组织及其成员在一个相对平稳的状态下进行的,是基于对"成就企业长青基业"的追求而展开的。

企业文化建设的核心是价值观的统一,这就意味着人们思想观念上的碰撞和冲突。人要改变自身的观念本身就是很难的一件事,如果人们不去沟通交流,甚至不愿意表达自己的想法,那么统一思想、改变观念也就无从谈起。因此,企业尚需完善沟通平台,营造宽松的沟通氛围。

(二)以价值理念为核心提高企业管理者的领导力

企业各级管理者,特别是领导班子,是企业文化的倡导者和示范者,管理者的言谈举止是员工学习和模仿的榜样。各级管理者应自觉学习企业文化理论,理解企业文化建设的重要意义,积极参与企业文化建设,以身作则、率先垂范。各级管理者应率先对照价值理念调整自己的行为方式,充分利用讲话、做报告等机会宣扬企业的价值理念,利用与员工接触、交流的机会引导企业的价值立场、价值导向,有意识地营造、维护企业的文化氛围。各级管理者通过自身领导能力的提升,促进企业文化的建设。

企业各级管理者在进行重大事项决策、参与重要活动的过程中,必须以核心价值理念为基准,统一决策者、参与者的价值立场和价值主张。在日常管理和处理矛盾冲突时,企业各级管理者必须以核心价值理念来统一相关者的思想和行为,通过有效地解决冲突,进一步丰富和提升价值理念及做事原则。

企业各级管理者在企业文化实施规划的实施中至关重要,企业文化的培训必须从企业各级管理者开始。企业可对高中层管理者进行系统的企业文化培训,培训以价值理念的贯彻作为提升领导力的主要内容,并对培训效果进行监督检查。企业文化培训课程可做成教学模块,嵌入人力资源的系统培训中。

(三)以价值理念为导向提升企业员工的职业素养

企业文化实施规划的主要任务之一就是激发员工的工作热情,最大限度地调动员工的主观能动性,让员工自觉地将个人行为与组织行为相协同,将个人的成长与企业的发展结合起来,提高自身的责任意识和贡献能力。

价值理念的传播不同于知识的培训,员工不是被动地学习一种知识、技能,而是将企业的价值理念内化为自己的价值观和行为准则,使企业达到上下同欲的境界。企业的价值理念决定员工的行为方式,员工的行为方式决定其职业习惯,员工的职业习惯决定企业的服务品质。企业从价值理念的宣传入手,将企业的价值理念深植并内化为全体员工的思想观念,将价值理念渗透到各项工作之中。

企业文化实施规划的实施过程就是依靠员工做好企业的过程。企业可将员工培训作为试点工作,进一步完善课件、总结经验。各职能部门、各下属单位负责人是员工培训的责任者,企业文化办、行政管理部、人力资源部等为协调者,员工的企业文化培训可逐渐全面展开。还可结合企业文化培训,分层分类地进行以企业价值理念为核心的执行力培训,通过培训使员工理解和认同企业的共同愿景,深刻领会、体验企业的价值理念,形成关注细节、注重实效的职业习惯,培养精于此道、不遗余力的职业精神。

(四)以价值理念为牵引完善企业的制度

企业的文化理念体系是所有制度必须遵循的基本原则和思维方式,是企业各种管理制度的逻辑起点和评价依据。每个部门都应本着对企业高度负责的精神,依据企业文化实施规划的基本精神对本部门所制定的规章制度、工作流程进行一次全面的自我审视、自我反省、自我改进,维护企业制度体系与企业文化实施规划精神的一致性。企业可通过企业文化的实施促进企业制度的建设,通过价值理念的贯彻,给管理注入灵魂,给制度注入情感,给流程注入灵性,牵引着企业的制度建设迈向更高的层次。

在企业制定新的制度时,应以企业的核心价值理念作为前提和评价标准,确保各项制度与规范的实施,符合企业的价值取向,符合全体成员的整体利益。企业的制度(如招聘、培训、薪酬、职位变化等)必须传递准确的价值立场,体现出一致的价值理念。

(五)将价值理念贯穿法制管理的全过程

绩效既是企业文化建设的出发点,也是企业文化建设的归宿。法制是绩效目标实现的有力保障,法制实施的过程也是员工认同企业发展方向,深化、细化企业价值理念的过程,是向企业的愿景迈进的过程。

管理人员和员工的绩效沟通是法制管理中始终坚持的原则,沟通传递企业的价值理念,沟通使企业上下达成共识,员工才能知道怎么做才符合企业的要求,才能与企业的发展目标相一致,管理人员才清楚怎么管理才有效,管理人员的行为才会对下属的绩效改进有帮助。绩效评价是企业价值理念的集中体现,组织的正义、上级的公正、员工的公心都会在绩效评价中体现出来。企业通过企业文化实施规划的实施,将企业的价值理念引入法制管理的全过程,使法制实施过程成为基于企业的价值标准和整体目标纠偏管理行为的过程,成为企业文化指导日常管理的过程。

企业的各级管理者应将企业的价值理念充分应用到法制管理的各环节中,各级管理者应努力提升自己的沟通意愿和沟通能力,将企业的价值理念纳入沟通与激励中,让员工充分感受到奖励和尊重源于为企业创造的价值。只有将企业文化与法制相结合,企业文化才能加速落地,法制才能发挥真正的实效。

(六)以价值理念为指导打造站队文化

站队文化是指集团下属单位的文化,它们从属于企业的主导文化,是企业主导文化的传承和发展,是企业主导文化的细化和补充。小心呵护、悉心培育站队文化是维护主导文化生命力的需要,也是文化落地扎根的需要。

团队文化是站队文化的主要存在形式,团队合作是员工工作的基本方式。团队合作的过程是各成员达成共识、统一价值理念的过程,是形成贡献意愿和责任意识的过程,是打造站队文化的过程。站队文化是员工的生活文化、工作文化和执行文化,也是抽象的企业理念的细化和具体化,它能够丰富并发展企业的主导文化。

在企业价值理念的指导下,各站队应结合工作实际,以团队建设为切入点,进一步繁荣团队的合作文化、工作文化。以贯彻企业的价值理念为核心,打造高绩效的站队文化,将企业的价值理念内化为员工的行动,成为员工的习惯与企业的传统。

(七)不断丰富企业理念的支撑案例

案例是用发生在企业的真人真事中蕴含的文化理念诠释企业文化实施规划,它是抽象理念的人格化、具体化,它以一种生动、形象的方式表达抽象的概念及其内涵,以增强纲领的现实指导性、可执行性、可模仿性。

企业文化来源于广大员工的管理实践,又丰富于具体的人和事。企业的运营实践中蕴含宝贵的文化资源,是企业案例的源泉。企业文化案例就是日常工作中的感人故事,平凡人生中的闪光点。若以彼此褒奖、相互欣赏的眼光来看,就会在我们身边涌现英雄、发现传奇。为了保证案例的鲜活,案例集每年更新一次。案例的收集工作是一项全员性工作,每个部门都有编写案例、提供案例线索的责任,企业文化办统一负责案例的收集工作。案例中的人和事要求真实可信,避免人和事的完美化、神圣化。

为了促进案例集的编写和更新,可以设立专项奖金,评比奖励作者和案例中的主人公。

(八)努力拓展企业文化的传播途径

企业的杂志、网站应为企业文化传播的主要载体。企业从杂志入手,开辟专栏,宣传企业的价值理念,反映员工的心声。企业在网站上开辟企业文化传播专栏,为员工搭起学习与沟通的桥梁。企业形成定期通报制度,定期向员工通报经营、管理的基本情况和企业的重大事件,以增强员工的责任感和参与意识。

企业根据企业文化实施规划的需要,提炼企业文化建设的核心命题,动员全体员工积极参与对企业理念的研讨和交流;充分利用各种庆典、仪式和丰富多彩的活动,使价值观、理念和模范人物在员工的心目中保持崇高的地位,使员工得到心灵上的洗礼。此外,企业还应根据企业文化建设的整体需要,制订企业的外宣规划,通过系统的传播,形成企业文化对外的辐射。

五、企业文化建设组织设置

企业文化建设是企业领导的职责,企业文化建设工作应在"企业文化建设委员会"的领导下进行。委员会下设办公室,协同各部门,切实将企业文化建设纳入企业日常活动中,实现与企业经营管理的紧密结合,形成企业领导和管理层齐抓共管、主管部门负责组织、各职能部门分工落实、员工广泛参与的工作体系。

(一)企业文化建设委员会

企业文化建设委员会由企业领导班子和相关人员组成,统一领导、管理企业文化建设工作。

1.企业文化建设委员会组成

企业文化建设委员会由主任、副主任及成员组成。委员会组员由企业自定。

2.企业文化建设委员会工作职责

企业文化建设委员会负责制定企业文化建设与变革的方向及其战略,并指导企业文化建设工作,推动企业文化建设顺利进行。具体工作职责如下。

一是确定企业文化建设的宗旨,制定企业文化建设的原则,宣传与贯彻企业文化建设工作。

二是明确企业文化建设的目标,对各阶段的工作安排进行总体规划。

三是指导、组织、监督企业文化建设的管理体制、运行与保障机制,制定相应的制度进行激励与约束,确保企业文化建设取得成效。

3.企业文化建设委员会办公室

企业文化建设委员会下设办公室。该办公室可以是专门成立的企业文化管理部门,也可以是企业指定的现有某个部门。具体职责如下。

一是制定企业文化建设及其管理方面的制度、规定。

二是负责企业文化建设相关文件的印刷、收发、保存、督办等工作。

三是负责策划、组织、通知召开各种会议,做好相关会议记录、文件归档等工作。

四是负责企业文化活动月的组织和策划。

五是完成企业文化建设委员会交办的其他工作。

(二)企业文化建设相关部门

根据各部门职责,负责企业文化建设的各具体工作。

1.企业文化管理部门职责

一是负责企业文化建设的日常具体工作和督导,考核各部门、各下属单位对企业文化建设方面的管理制度执行情况。

二是负责组织和外界的文化交流。

三是负责企业文化活动的宣传报道,挖掘典型人物和事迹进行宣传。

四是负责内刊对企业文化的宣传工作。

五是负责企业文化建设方面的对外接待工作。

六是负责企业文化和形象的对外策划和宣传工作。

七是负责设计张贴企业理念、格言和标语口号。

八是完成企业文化建设委员会交办的其他工作。

2.人力资源部职责

一是负责对员工进行企业形象及企业文化教育、培训工作。
二是根据企业文化建设要求,修订人力资源管理制度。
三是完成企业文化建设委员会交办的其他工作。

3.其他部门职责

企业其他部门根据职责分工,负责具体企业文化建设工作。

(三)各下属单位企业文化建设工作小组

各下属单位负责人是各单位企业文化建设工作小组第一负责人,要组织自己单位的文化建设工作小组,负责具体落实企业文化建设推进过程各阶段的实施方案、推进计划,完成企业文化建设委员会交办的其他工作。各下属单位要明确建立自己的企业文化组织,配备专职工作人员,制定具体的工作职责。各下属单位要全员参与,形成逐级负责制,推进企业文化建设。

六、企业文化建设 3 年实施规划

企业文化建设是一个循序渐进、巩固提高的过程,需要分阶段、有计划地不断推进。从各方案形成开始,推行步骤分全面普及、深化推进、巩固提高 3 个阶段。

(一)全面普及阶段(一年半)

这一阶段时间为 18 个月,企业需要结合发展战略,明确企业文化建设领导机构,形成企业文化宣传骨干队伍,普及企业文化理论,建立企业文化管理规章制度,印制企业文化手册,培训企业文化理念体系,营造企业文化氛围,全面推进企业文化的普及建设。在这一阶段,企业应重点做好以下工作。

一是确立企业文化建设领导委员会。负责企业文化建设工作的重大决策,督导、推进企业文化建设工作。

二是逐步建立完善企业文化管理规章制度,汇编成册,下发至各级单位。

三是制定企业文化建设工作实施办法,建立企业文化建设工作机制,明确责任人。

四是举办企业文化专题讲座和培训班,开展研讨活动,加强企业文化普及工作。

五是组织印发《企业文化手册》。

六是制作企业文化建设宣传片(包含企业文化知识、企业文化理念体系及行为规范礼仪),充分利用媒体资源,动用各种宣传手段,加大企业文化宣传报道,做到"墙上有理念、橱窗有图片、报刊有版面、网站有页面",为企业文化建设创造良好的舆论氛围。

七是规范识别系统的使用,统一企业各部门或各级单位标识、文字用语、工装、办公用品及服务流程,以崭新统一的形象面对客户。

八是结合企业文化理念内涵,有组织地安排员工文化娱乐活动,为员工创造优雅舒适的文化生活环境,陶冶员工文化气质,营造企业文化氛围。

九是以创建"学习型企业"为突破口,开展创建"学习型部门、学习型团队、学习型班组、学习型社区、学习型家庭"等活动,借此提高员工综合素质。

十是结合企业核心价值观、企业精神,抓好"树立新榜样、倡导新精神"工作,将企业文化榜样的培养、树立、宣传工作制度化、规范化,发挥先进榜样对员工的示范导向作用。

(二)深化推进阶段(半年)

这一阶段时间为6个月,主要是在前一阶段工作的基础上,深化企业文化建设工作,全面深入开展精神文化、制度文化、行为文化、物质文化建设工作。在这一阶段,企业应重点做好以下工作。

一是对于全面普及阶段的企业文化建设工作进行检查评比,召开阶段性的总结表彰会议,并以此为契机,深入推进企业文化理念体系的系统学习。

二是围绕企业发展战略,修订企业文化建设的工作制度和建设标准,创新企业文化建设的工作机制。

三是进一步规范企业员工行为,规范员工工作着装、仪表,深入推进文明礼貌用语,整顿工作秩序,提高工作效率,塑造良好的工作形象。

四是选择部分理念进行重点宣传,然后根据理念指导实践工作,对工作执行情况进行经验总结,制定与理念相对应的制度,作为完善原有制度体系的重要举措。

五是摸清现有制度的现状,分析诊断现有规章制度的文化特点及存在的问题,提出整合修订的规划方案并开始修订工作。

(三)巩固提高阶段(一年)

这一阶段时间为12个月,主要任务是继续深化企业文化理念的认知与认同,把企业核心价值观、企业精神及其他相关理念融入企业的规章制度、工作机制中,更新企业文化理念,维护和强化企业文化自我发展能力与创新能力。在这一阶段,企业应重点做好以下工作。

一是认真总结企业文化建设的先进经验,召开企业文化建设先进单位工作会议,表彰先进,推广经验。

二是编辑出版《企业文化案例》《企业文化先进经验》等实践成果,作为企业文化建设的生动教材。

三是根据企业发展和企业文化建设规划,持续进行制度的修订工作,不断使企业文化渗透到管理制度中去。

四是更新《企业文化手册》中的理念及行为规范,提升和丰富企业文化理念内涵。

五是对企业文化进行全面审定和测评,根据企业内外部的新形势、新任务,制定未来5年企业文化建设规划。

七、企业文化实施规划的监督与评价

企业文化实施规划旨在对企业文化的实施进行系统的计划、监督与评价,对不合理的结果进行控制和改进,从而保证整个实施的效果。为此,在企业文化实施规划中应制订一个计划、监督与评价体系。

(一)实施管理的主体

企业文化建设指导委员会是企业文化实施规划的领导机构,负责企业文化实施规划的决策、指导、评价和监督;企业文化工作小组和企业文化办公室是企业文化实施规划的执行机构,主要负责制订企业文化实施规划的年度计划,确定考评标准,对各单位的企业文化实施规划情况及时提供指导,对各部门的实施情况进行年度综合性的评价。

(二)实施计划的制订

每年年初,工作小组和企业文化办公室根据企业年度工作报告,结合企业文化实施规划制订出下一年度的实施计划,经"企业文化指导委员会"审议批准后执行。工作小组将年度计划中的各项任务向各相关部门进行分解,并提出指导意见和评价标准。

(三)实施情况的监督

工作小组和企业文化办公室有责任就企业文化实施规划的情况与各部门保持持续沟通,及时掌握实施的信息,加强对企业文化实施规划的指导和协调,保障企业文化实施规划的整体效果。工作小组和企业文化办公室在每季度的最后一周召集一次企业文化实施规划咨询会,了解年度计划的实施情况,掌握各部门实施情况,解决工作中的实际问题,提供相应的理论指导和工作经验,监督各部门的实施情况。

(四)实施情况的评价

企业文化建设没有单独的目标,而是为了企业目标的实现提供强有力的支撑,因此企业文化建设应以提供高品质的引领、支撑服务为宗旨,以对企业目标的促进作用为评价标准,依照下列要点评价。

一是安全。结合法制工作,细化安全指标与安全管理体系,深入贯彻安全理念,最终达到防患于未然、万无一失的境界。

二是效率。首先建立一个衡量效率的客观标准,其次根据这一体系的要求向"成就企业长青基业"逐步迈进。

三是创新能力。包括技术创新和管理创新。

四是人才培养。包括专业技术人才、服务人才和管理人才梯队的培养。

五是管理层领导力的提升。

六是员工职业素质的提升。

根据年度实施计划和评价标准,对各部门企业文化实施规划的情况进行评价,以总结经验、交流信息。针对企业文化实施规划的具体情况,向指导委员会提交《企业文化实施规划情况的年度报告》,对年度企业文化实施规划情况进行总结汇报。

企业文化是企业形成不可模仿的竞争优势的核心,优秀的企业文化是企业从优秀走向卓越的关键。企业文化的实施只有通过不断的探索、实践和积累,才能使企业的价值理念为员工接受、理解,并变为员工自觉自发的行为,体现在企业的日常工作之中,形成个性鲜明、形象统一、深入人心的文化品格,为企业的全面、持续、协调的发展注入源源不竭的动力,使企业在成功的大道上走得更稳、更快、更远。

八、企业文化评估

企业文化评估是企业文化建设全流程的监控环节,如图5-6所示。

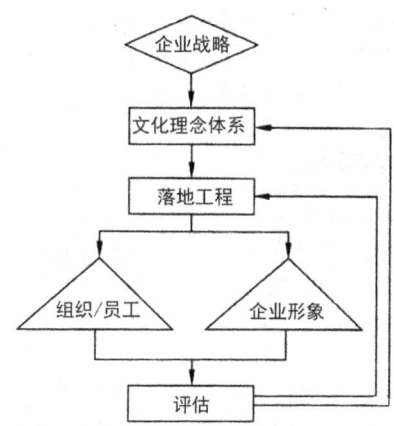

图5-6 企业文化评估

企业文化评估的具体作用如下。

第一,通过企业文化评估,可以检验文化理念体系的先进性与适应性,获取文化与公司环境、发展战略的匹配性和适应性的相关信息。

第二,通过企业文化评估,可以检测各项落地政策和措施贯彻执行的有效性,进而优化相关政策、措施和实施方法。

第三,通过企业文化评估,可以发现企业在文化落地中的问题和短板,进而发现企业在人力资源管理、流程管理等方面的问题,为改善企业各项管理提供真实、及时的信息。

九、企业文化评估的指标

企业文化评估可包括过程性评估和结果性评估两类。

(一)过程性评估

在企业文化建设的过程中,企业采取了一些具体的企业文化提升措施,从而实现了相应问题与以前相比有了改善(或未有改善,或退步),过程性评估主要是评价这些措施是否得到了有效实施并发挥了一定的效果。

(二)结果性评估(表 5-12)

表 5-12　结果性评估

评估维度	描述
理念认知	知道企业倡导什么理念,了解这些理念对个人工作提出哪些行为要求,理解应当如何遵循这些行为
理念认同	认同企业倡导的这些理念,认为大家如果都在工作中遵循这些理念,不仅有利于企业成功,也能帮助个人实现职业发展
行为与文化一致性	在工作中自觉遵循这些理念的行为要求,形成行为习惯

十、企业文化评估的方法

企业文化评估的方法主要包括问卷、员工访谈、行为观察。行为观察法可以作为一个辅助的方法,一般由具有较高企业文化识别能力的专家对公司的员工行为进行观察,得出文化落地程度的主观评估(表 5-13)。

表 5-13　企业文化评估

范围	维度	方式	范围	维度	方式
内部	文化认知 文化认同 行为与文化一致性	问卷 访谈	外部	文化认知 行为与文化一致性	行为观察

第四节　企业文化建设的两种模式

企业文化对企业经济指标的直接贡献是有限的,甚至可以说是微乎其微的,但由于不同企业的文化各有千秋,具有不可复制、不可转移、不可剽窃的特点,不同的企业,自身条件不同,其建设的方式和方法也有所不同,但一致的是所有的企业文化建设都虚实并举。

一、先虚后实型

这种模式下的企业往往具有十分悠久的历史、深厚的文化底蕴和挖掘的潜力。企业通过取其精华,去其糟粕,提炼总结企业的文化精髓,做好"虚"的工作,然后再从企业的管理制度、操作流程、员工行为等入手逐步实现文化"实"的过程。整个建设自上而下,浑然一体,实现了企业"理想照进现实"的初衷。

(一)企业提炼文化的主要途径

1.访谈

通过与企业领导、部门负责人、基层员工尤其是老员工的交谈,了解企业的历史演变过程、企业的重大事件、历任领导者的个人风格及其与企业价值观理念的关系、企业的管理制度、企业员工的心理契约、行业背景、地域文化等,从各个角度解读企业文化。

2.文献查阅

收集阅读企业志、内部报纸杂志、书籍、影像记录、领导讲话稿、内部发文、管理制度汇编等。

3.问卷调查

在指定人群范围内,发放一定量设计规范的问卷,内含结构化和非结构化问题,这种方式往往是在问卷设计者对文化已有初步把握并形成文化框架的基础上进行的。

4.座谈

领导、部门负责人、员工代表进行头脑风暴,集思广益。《企业文化手册》是文化提炼的重要成果之一,也是整个建设的指南。

(二)企业领导和管理层开始宣传企业文化

可以通过召开"企业文化建设启动大会"、演讲比赛、知识竞赛、班组讨论学习、党支部组织生活、征文大赛、版报、标语、刊物、内部媒体、企业标志设计等多种多样的方式最大范围地传播企业文化,让员工先从感性上知晓文化、认同文化、接受文化。然后设计企业文化管理体制,制订企业文化建设规划。这一阶段的工作主要包括设立文化建设的管理组织并明确其职责、划分文化建设阶段并拟定阶段目标、年度目标、部门目标等。

(三)进行企业制度匹配度审查

这种审查可以从两条线着手,一种是制度路线,即罗列制度条文,逐条挖掘所反映的文化导向,实施对比分析,确定条文和文化的匹配性,提出改进建议;另一种就是文化路线,即罗列文化元素,确定每一元素的落实要求,查找现有制度是否已有体现,确定匹配性并提出改进意见。

(四)进行企业文化建设的效果评估与改进

企业文化建设评估就像绩效管理一样,利用重要指标对文化建设情况进行评价。评价指标主要有企业文化知晓度、培训普及率、认同度、任务按计划完成率、活动参与率、员工满意度、匹配度审查完成率等。利用这些指标可评价出企业、部门、个人文化建设的成效,并挑选出需要改进的部门,共同提出改进计划,将企业文化建设进行到底。

这种先虚后实型的企业文化建设模式,是将理念由上至下逐步贯彻,由虚到实层层深入,是人们普遍认同的"文化落地"过程。

二、先实后虚型

这种模式与先虚后实型相比,完全逆向而行,它是自下而上,由实入虚,实现文化从地面到天空起飞的过程。较前者而言,它没有豪言壮语,没有华丽的外表,更没有喧闹的场面,它只是找准切入点,以点带线,以线成面,面面俱到,自成一体。对于管理者而言,变革的最高境界莫过于波澜不惊,而这种模式恰恰是在平淡处酝酿、在沉默中爆发。对于新生企业或者兼并重组企业而言,这种企业文化建设方式似一剂麻醉药,更能缓解压力、减少冲突、达成共识、促进合作。

由此可见,企业文化建设,尤其是文化融合,不一定必须采用从天上到地面的落地战略,也可以尝试由地面到天空的起飞模式,即用无声的手法、沉默的力量从企业的流程入手,缓缓推动企业文化的建设,在建设卓有成效时,企业再回首可以更精更准地提取文化精髓。在企业的管理领域里,没有"最好"这个字眼,而只有"更适合"的存在。同样,两种企业文化建设战略方式也没有优劣之分,哪个更见效、更实用,也要因地制宜、因企而异。

第六章 建设有中国特色的现代企业文化

> 企业文化是一种亚文化,现代企业文化势必会受到当代社会文化的影响。自改革开放以后,中国经济体制改革的目标是建设社会主义市场经济体制,这是中国经济体制改革在理论与实践上的巨大突破。在深化改革,建设社会主义市场经济体制的过程中,搞好具备中国特色的现代企业文化建设,对于建立现代企业制度、加强企业思想政治工作、强化企业管理、增加企业的社会效益和经济效益均具有非常重要的意义。

第一节 中国特色社会主义文化

若想了解具有中国特色的现代企业文化,需要先弄清有中国特色社会主义文化的特征与含义。

一、什么是中国特色社会主义文化

江泽民同志在党的十五大报告中首次把中国特色社会主义的文化建设纳入社会主义初级阶段基本纲领的重要组成部分,并明确指出,政治建设、文化建设是有机统一、不可分割的。习近平同志在党的十九大报告中明确指出,"中国特色社会主义道路是实现社会主义现代化、创造人民美好生活的必由之路,中国特色社会主义理论体系是指导党和人民实现中华民族伟大复兴的正确理论,中国特色社会主义制度是当代中国发展进步的根本制度保障,中国特色社会主义文化是激励全党全国各族人民奋勇前进的强大精神力量"。这就从更加深层、更加重要的层面上确定了中国特色社会主义文化的地位。

中国特色社会主义文化既和政治、经济、社会、生态文明建设相并列,作为五位一体总体布局的构成,还与制度、道路和理论体系相并列,作为中国特色社会主义基本内涵的重要组成部分,是激励和凝聚全国各族人民的重要力量,也是综合国力的重要标志。它不仅是中国特色社会主义政治、经济在观念形态上的体现,还对政治和经济的发展有着巨大的推动作用。生机勃勃的社会主义先进文化是以马克思主义为指导,面向现代化、面向世界、面向未来的,民族的科学的大众的社会主义文化。社会主义先进文化,既受世界大潮洗礼,也为时代风云熏陶,以学术、理论、文艺、网络、影视等丰富多彩的文化样式塑造着国家形象,引领着社会风尚,教育人民树立和坚持正确的世界观、价值观、人生观、民族观、历史观、国家观、道德观、文化观,为实现中华民族的伟大复兴中国梦,不断注入蓬勃的生机活力与思想智慧。[①]

从主要内容上来说,有中国特色社会主义的文化,与社会主义精神文明是一致的,只是提出问题的侧重点和角度不同。文化是相对于政治、经济来说的;精神文明是相对于物质文明来说的。第一,二者的总目标和指导思想是一致的,均需要坚持以马克思列宁主义、毛泽东思想、邓小平理论与"三个代表"重要思想及科学发展观为指导,都是以培育"有理想、有道德、有文化、有纪律"的社会主义公民为目标。第二,二者的方针和方向是一致的,均必须坚持为社会主义服务、为人民服务的方向,贯彻"百花齐放、百家争鸣"的方针。第三,二者的建设手段与渠道是一致的,均需要立足于中国现实,反映时代精神,传承历史文化优秀传统,汲取外来文化的有益成果。第四,二者的目标和阶段性是一致的,均要求在全民族牢固树立有中国特色社会主义的共同理想,深入贯彻科学发展观。始终坚持"一个中心、两个基本点"的基本路线,实现以民主法制观念、科学教育水平、思想道德为主要内容的公民素质的显著提高,实现以生活环境、公共秩序、社会风气为主要标志的城乡文明程度的显著提高,实现以服务人民、积极健康、丰富多彩为主要目标的文化生活质量的显著提高,全国范围内形成政治、经济、文化和社会建设的协调发展,精神文明建设和物质文明建设均搞好的局面。

二、中国特色社会主义文化的特征

中国特色社会主义文化,是一种与以往任何文化形态都不同的全新的文化。它的基本特征如下。

[①] 管永前.中国特色社会主义文化写入党章是新时代重大理论创新[EB/OL].(2017-10-26)[2018-08-10].http://www.qstheory.cn/wp/2017-10/26/c_1121862702.htm.

(一)鲜明的时代性

文化是一个历史范畴,是在一定社会历史条件下的产物,不同社会有着不同性质的文化,因此不同社会的文化势必会带有各时代的基本特征。当前,我国建设有中国特色社会主义的文化,实质就是发展"面向现代化、面向世界、面向未来"的社会主义文化。"三个面向"使有中国特色社会主义的文化带有鲜明的时代特征。

"面向现代化"反映出有中国特色社会主义的文化要为经济建设这个中心工作服务,要为社会的全面现代化服务,要为实现全面建成小康社会奋斗目标服务,决不能脱离中心工作去搞文化建设。

"面向世界"反映出有中国特色社会主义的文化要有海纳百川的开放性,要瞄准当代世界科学文化发展的先进水平,广泛汲取国外一切优秀的文化成果,推动中国文化建设的脚步,尽快减少中国和世界先进科学文化发展水平的差距。与此同时,要进行多种形式的对外文化交流,既要博采各国文化之长,还要向世界展现出中国文化建设的成就。

"面向未来"反映出有中国特色社会主义的文化要准确把握未来科学文化发展的方向,要制定中国科学文化发展的长远战略,包含"科教兴国"战略等。总之,它充分表现了中国先进文化的前进方向。

(二)浓郁的民族性

不同民族、不同国家的文化,因形成与发展的自然环境、历史文化传统和社会经济条件的不同,所以都具备各自的特点,拥有民族性的特点。有中国特色社会主义的文化,渊源于中华民族五千年的文明史,又根植于有中国特色社会主义的实践。不仅要继承与发扬民族革命文化传统和优秀文化传统,还要着眼于当代人们的文化生活方式,使有中国特色社会主义的文化既拥有人民群众喜闻乐见的民族形式,又能够反映人民群众现代行为方式、现代思维方式、现代生活方式等方面的丰富内容。因此,建设有中国特色社会主义的文化,不仅要适应世界文化的潮流,还要符合中华民族的心愿。

(三)高度的科学性

有中国特色社会主义的文化与有中国特色社会主义的政治、经济、社会构成不可分割,是有机统一的整体,由此形成了党在社会主义初级阶段的基本纲领。此纲领是邓小平理论的重要内容,是党的基本路线在社会、政治、经济、文化等方面的展开,也是党对社会主义建设主要经验的总结和归纳,从而反映和确保了它的高度科学性。它准确表现了自然、社会与思维发展的客观规律,既要发展多姿多彩的文学艺术和哲学社会科学,还要加快科学技术的发展速度,为中国经济的迅速发展、为决策的民主化和科学化提供理论依据。它以马克思主义的真理为基础,反对迷信,崇尚科学,坚决与所有伪科学和封建迷信的腐朽思想文化做斗争,不断扫除文化垃圾,为社会的全面发展和进步提供有利的思想文化保证。它既弘扬科学精神,还倡导人文精神,是人文与科学精神相统一的文化。

(四)广泛的大众性

有中国特色社会主义的文化建设事业是广大人民群众一同创造的事业,人民群众是文化建设的主体,他们的社会实践是所有精神文化发展的最深厚的源泉。它来源于人民,又反过来教育人民,服务人民,使人民群众不断加强科学文化素质和思想道德素质,成为"四有"公民。当前,伴随着科技的发展,脑力劳动和体力劳动分工的变化,科学文化素质与思想道德素质的作用越发重要。一个国家和民族的发展状况,不仅取决于经济发展的水平,而且还取决于人民的基本素质。所以,着眼于有中国特色社会主义的文化建设,就要努力增强全民族的科学文化素质和思想道德素质,为社会发展提供不竭的人才资源,实现人的现代化。只有不断培养和塑造社会主义"四有"新人,我们的现代化事业才能大有希望。

第二节 中国现代企业文化的性质和特征

明确了中国特色社会主义文化的含义与特征,对进一步明确我国现代企业文化的性质和特征具有重要的指导意义。

一、中国现代企业文化的性质

一定的文化是一定社会的经济和政治在观念形态上的体现。我国现代企业文化的社会主义性质,既是由有中国特色社会主义的经济和政治决定的,也是由有中国特色社会主义的文化的性质与特征决定的。这就要求我们从各个方面体现和反映中国现代企业文化的社会主义性质。

(一)必须坚持党在社会主义初级阶段的基本路线

毫不动摇地坚持党的基本路线,首先是坚持以经济建设为中心。发展社会生产力是社会主义的根本任务。在社会主义初级阶段,要将力量首先集中于发展生产力上,现代化建设是以经济建设为中心。与此同时,必须坚持把四项基本原则与坚持改革开放统一起来。四项基本原则是对中国特色社会主义基本制度内容的高度概括,是立国之本;改革开放是现代化的必由之路,是强国之路。以上三者均统一于建设有中国特色社会主义的伟大实践。这是关系到企业社会主义性质与发展方向的根本问题,也是关系到现代企业文化社会主义性质与经营方向的根本问题。

(二)必须坚持与完善公有制为主体、多种所有制经济共同发展的基本经济制度

坚持与完善公有制为主体、多种所有制经济共同发展的基本经济制度,是中国特色社会主义初级阶段的一项基本经济制度,是由中国的社会主义性质和初级阶段的国情所决定的。非公有制经济是社会主义市场经济的重要组成部分,因此,在中国现代企业文化建设中,我们既要重视国有企业的企业文化建设,还要重视其他类型企业(如私营企业、乡镇企业、股份制企业、个体企业及"三资"企业等)的企业文化建设,为各类企业发展创造平等竞争的环境,进而形成各种所有制经济平等竞争、互相促进的新局面。

(三)必须坚持与完善按劳分配为主体、多种分配方式并存的分配制度

合理的收入分配制度是社会公平的重要表现。党的十七大指出:"要坚持和完善按劳分配为主体、多种分配方式并存的分配制度,健全劳动、资本、技术、管理等生产要素按贡献参与分配的制度,初次分配和再分配都要处理好效率和公平的关系,再分配更加注重公平。"坚持效率优先、兼顾公平,有助于优化资源配置,推动经济发展,维护社会稳定。这不仅表现了社会主义公有制为主体、按劳分配为主体的基本经济制度和共同富裕的奋斗目标,还反映出了市场经济的客观要求和发展规律。在企业中,处理分配关系和完善分配形式,虽然主要依赖于法律手段和经济手段,但是增强现代企业文化建设能够促进这些任务的圆满完成。

(四）必须坚持工人阶级的主人翁地位

中国的领导阶级是工人阶级,是企业的主人和企业进行生产、经营活动的主体。因此,应坚持全心全意依靠工人阶级的方针。建设现代企业文化,是工人阶级意志的集中反映与民主管理的客观要求。万向集团提出"想主人事,干主人活,尽主人责,享主人乐",1995年5月15日,江泽民同志在视察万向集团,看见墙上挂着的这条标语时说:"我们就是要提倡这样一种主人翁精神。"在建设现代企业文化的过程中,充分表现员工当家做主的思想,调动员工民主管理的主动性、积极性和创造性,激发他们的参与意识和主人翁意识,是非常重要的。

(五）必须坚持培育适应社会主义现代化要求的"四有"员工

这是我国现代企业文化建设长期而艰巨的任务。为了实现此根本任务,企业党组织必须增强企业两个文明建设与企业思想政治工作,大力提升企业员工的思想道德素质,引导企业员工树立正确的世界观、人生观与价值观,大力弘扬爱国主义、社会主义、集体主义和艰苦创业精神。坚持企业两个文明"一起抓、一起硬"的方针,若是企业仅抓物质文明建设,而忽略了精神文明建设,"一手硬、一手软",那么这种片面性就会严重影响到我国现代企业文化的社会主义性质。

二、中国现代企业文化的特征

建设有中国特色的现代企业文化,是历史发展的必然。中国现代企业文化既拥有企业文化的一般特征,还拥有自身的突出特征。

(一) 坚定的原则性

中国现代企业文化建设有自己坚定的原则,也就是坚持以邓小平理论和"三个代表"重要思想为指导,以社会主义核心价值体系为根本,坚持先进文化的前进方向,深入贯彻落实科学发展观,把社会化大生产规律和中华民族优秀文化传统结合起来,把企业现代化管理与社会主义基本制度结合起来,把企业文化建设和企业思想政治工作结合起来,把改革、发展、稳定三者有效结合起来,积极借鉴和吸收国内外企业文化和现代管理的优秀成果,促进中国现代企业文化建设与创新,推动企业又好又快地发展。[①]只有如此,才能够使中国现代企业文化更加拥有鲜明的时代特色和实践特色。

(二)鲜明的思想性

所有的企业文化均具有思想性。区别就在于建设有中国特色的现代企业文化,是以马克思列宁主义、毛泽东思想、邓小平理论和"三个代表"重要思想为指导的。优秀的企业文化是中国特色社会主义文化的重要组成部分。坚持以习近平新时代中国特色社会主义思想为指引,将社会主义核心价值观与企业实际相结合,通过企业文化建设,将社会主义核心价值观在企业落地生根,在每一个企业员工心中开花结果。同时,也要吸收和借鉴国外企业文化研究的方法与理论。

(三)目标的双重性

中国现代企业文化,既是以人为中心的管理,也是以人为目的的教育;既是为了加强企业的管理效益和管理水平,也是为了培养"四有"新人。不同于资本主义国家的企业,社会主义企业不仅是经济组织,还是以经济为中心的、员工集聚与劳动的社会基层单位。中国现代企业文化的出发点与归宿是尊重和坚持员工的主人翁地位,提升员工的科学文化素质和思想道德素质,从每个环节调动并合理配置有利于企业以经济建设为中心的全面发展的积极因素,产生强大的合力,推动企业两个文明的协调发展。

(四)广泛的群众性

社会主义企业的广大员工,不管是居于领导地位的厂长、经理,还是生产岗位的工人,均是企业的主人。虽然有的员工还存在谋生意识,但其利益和企业的利益实质上是一致的,可以拥有共同追求的目标,而且若是他们形成了对中国现代企业文化意识的正确认识,便会产生极高的参与热情。实际上,中国现代企业文化建设做得比较好的企业,在党组织的倡导下,在党、政、工、团等各种组织协同开展,齐抓共建,广大企业员工从不同层次、不同角度参与现代企业文化的实践,就会充分展现出它的广泛的群众性。

(五)有机的结合性

中国现代企业文化极为重视文化与经济、企业物质与精神文明、思想政

[①] 谢健,奚从清.现代企业文化[M].杭州:浙江大学出版社,2011:324.

治工作与企业文化建设的有机结合。众所周知,思想政治工作是党的政治优势与优良传统,深化企业改革、促进企业发展,急需增强和改进企业思想政治工作,加强实效性、针对性、感染力与吸引力。企业文化建设为企业思想政治工作的创新提供了有效途径和载体。把思想政治工作与企业文化建设有机结合起来,不仅有助于思想政治工作融入企业管理,还能确保企业文化发展的正确方向。二者之间虽然具有一定差异,但究其根本都是在做人的工作,在内容、目标与方式方法上有着很多的共同点和相通之处,这些均拥有无法取代的重要作用,能够互相补充,互相促进。此外,要坚决反对"无用论"与"替代论",充分发挥企业文化建设和企业思想政治工作各自的优势,一同为企业的改革、发展与稳定提供强大的智力支持、思想保证和不竭的精神动力。

(六) 突出的伦理性

作为社会文化的一个子系统、一种亚文化,企业文化无法避免地会受到民族心理和社会文化的影响。从伦理道德层面来讲,同整个民族文化一样,中国几千年来积累下来的遗产,既有精华需要继续发扬,也有糟粕需要坚决否定,这些都影响和制约着中国现代企业文化的建设。例如,中国特色社会主义企业通常都较为重视构建平等、团结、友爱、互助的新型人际关系,重视员工个人品质的修养和道德的约束,这是一种好的传统。但是,我们也应看到,落后陈旧的伦理道德同样也具有不容忽视的消极影响。例如,人际关系亲缘化、平均主义等伦理道德观,束缚了人才,束缚了奋发开拓的竞争意识,在企业的生产经营与管理活动中有着严重的阻碍作用,这是中国现代企业文化建设应当予以否定的。

三、中国现代企业文化发展战略研究的若干问题

在认识了中国现代企业文化的性质和特征以后,还应搞清楚中国现代企业文化发展战略研究的若干问题。

(一) 要树立现代企业文化的核心理念

高俊良在《大力加强企业文化建设和创新,推动企业又好又快发展》一文中提出,企业的核心价值观是企业改革发展的根本理念,是企业文化的核心。建设优秀的企业文化,促进企业文化的创新,必须从企业的实际出发,从创新观念、建立先进的核心价值观入手。因而,他提出树立几个核心理

念：一是要坚持把科学发展观作为企业工作的统领；二是要坚持把创新作为企业发展最重要的动力源泉；三是要坚持把和谐发展作为企业的基本价值取向、重要思想方法与评价标准；四是要坚持把承担社会责任作为企业的崇高价值追求。除此之外，他还认为，以社会主义核心价值体系为根本，促进企业价值观念体系建设。这些对于深入开展企业文化发展战略研究具有指导意义。[①]

(二)要坚持走中国特色自主创新的道路

高俊良在《大力加强企业文化建设和创新，推动企业又好又快发展》一文中提到，国内很多行业只能依赖廉价劳动力来换取微薄的利润，位于国际产业链的末端。我们要尽快摆脱这种状况，使中国从制造大国过渡为创造强国，因此，这就要求企业必须坚持走中国特色自主创新的道路，提高企业创新的紧迫意识和危机感，"强化企业主体地位"，努力形成"以科技进步和创新为基础的新竞争优势"。为此，需要大力培养创新意识，激励广大企业员工的创新活力，释放他们的创造激情，开发他们的创新智慧；大力培养勤于思考、善于创新的思维方式和宽容失败的良好氛围、百折不回的心理素质；大力培养求真务实的科学精神与敢为人先、勇于冒险、乐于挑战的创新精神；大力树立尊重知识、人才和创造的良好风气，大力培养生产一线的创新人才，积极创建鼓励和褒奖创新的有效机制，形成人人学习、人人创新的生动局面。

(三)要建立健全现代企业文化建设和创新的企业领导体制与工作机制

建立健全现代企业文化建设和创新的企业领导体制与工作机制，是时代发展的要求。企业领导体制是企业的领导制度、领导结构、领导方式的总称。在此种体制中，企业领导方式是重要的影响因素，基础是起保障和支撑的企业领导结构，核心是受文化和生产力双重制约的企业领导制度，以上三者既成体系又互相作用、互相影响共同形成企业领导体制。改革开放40年来，中国现代企业文化建设与创新的工作机制已经初步建立，并获得了一定的成效，但还需要持续地完善与提升。建立健全现代企业文化建设与创新的工作机制，涵盖领导运作机制、开拓创新机制、整合协调机制、绩效评估机

---

① 高俊良.大力加强企业文化建设和创新，推动企业又好又快发展[J].政工研究动态，2018(Z1).

制、教育培训机制、全面激励机制、长效发展机制、检查督促机制和资金保障机制等。为此,应当深入调研,认真梳理,分析新形势下现代企业文化建设与创新的规律和特点,建立健全现代企业文化建设与创新的工作机制,从而开拓新途径,探索新方法,促使中国现代企业文化内涵的不断丰富,传播形式更加具有时代特点,方法手段更加受到人民群众的欢迎。

(四)要正视新文化对旧文化的深刻冲击

21世纪,中国将以飞速发展昂首屹立于世界。随着国门的敞开,中国文化与世界交流、合作的范围不断扩大,势必将加速走向世界,对世界文化发展所起的作用,也会越来越大、越来越重要。需要注意的是,半个世纪前兴起的信息革命正在快速发展,随着电脑进入普通家庭,因特网的普及与电视、电话、电脑三合一的临近,信息革命在21世纪依旧是经济社会发展的主要推动力量,并深刻地、直接地冲击着现有的文化,例如,多媒体、光盘等带来的手段与工具的革命,也对旧文化产生了冲击。面对世界范围各种思想文化的相互激荡,面对如今综合国力的激烈竞争与科学技术的快速发展,面对人民群众日益增长的文化需要,对于现代企业文化的建设一定要在工作方式和观念上紧随新时代的脚步,迎接新挑战,同时也要学会使用现代化的手段,更加科学有效地去促进现代企业文化的建设。

第三节　中国现代企业文化建设的路径和方法

对中国现代企业文化建设的路径和方法的研究,实际上就是要研究其具体可行的路径和方法,使得建设现代企业文化的任务能够落到实处。

一、要普及现代企业文化的基本知识

企业家们与广大的企业员工群体都需要认真学习和掌握现代企业文化的基本知识。为了普及现代企业文化的基本知识,企业领导班子尤其是企业的领军人更要努力增加对现代企业文化的认识,把建设和创新现代企业文化放在突出位置,纳入工作的日程中去,并通过企业内部的宣传与培训,使其在企业中生根、开花和结果。

经过大量企业管理实践经验论证,培育企业文化,最重要也是最关键之处就在于企业领导者的态度、认识与行动。目前,国内有不少的企业尚未形

成自身独具特色的企业文化,其中一个重要原因就是这些领导者还未充分认识到企业文化在企业管理中的重要作用和地位。因此,这就要求企业领导者要加强现代企业文化意识,为员工当好先导,做出榜样。这些领导者的模范行为,是一种无声的号召,会教育、感染、鞭策和鼓舞下属企业员工,进而将企业领导者的积极倡导转变为自己的自觉行为。与此同时,要有组织、有计划、有步骤地向广大员工进行宣传与培训,他们是现代企业文化建设的主力军。中国的社会主义制度从根本上要求必须一心一意依靠工人阶级,同时也为企业员工当家做主提供了根本保证。只有充分发动与依靠员工群体,发挥其主动性、积极性与创造性,现代企业文化建设才能得到健康科学的发展。

二、要发挥企业各个组织在企业文化建设中的重要作用

作为一个企业,有党、政、工、团,还有妇女组织等,要让各组织在现代企业文化建设中齐抓共管,形成合力。作为企业的党组织,要始终把握好现代企业文化建设的正确方向,确保现代企业文化建设的总体规划、具体内容与方法措施等符合党的方针、路线、政策与国家的法令法规。另外,还需要协调好党、政、工、团等各个组织间的关系,重视集体智慧的发挥,找准突破口,坚持几年,必然能够取得成效。作为企业的行政系统,在现代企业文化建设与创新中要坚持"以人为本",充分调动企业员工的积极性来增强劳动生产率。在企业文化建设中,工会组织要充分发挥其民主管理的职能,通过民主管理,参与企业的重大决策,让企业员工当家做主,也使经理、厂长真正感受到员工群体的力量与智慧,形成经营管理者与生产者互相尊重、互相支持的良好氛围。共青团组织要积极动员青年员工为企业争光,在岗位成才,并通过自身的辛勤劳动向社会展示企业的风貌与精神。

总之,如果能够使企业的各组织在现代企业文化建设中一同发挥积极作用,现代企业文化建设就必然会取得丰硕的成果。

三、要培育和强化企业精神

伴随着经济体制改革的深入、市场经济的日益成熟,我国当代企业正处于激烈的市场竞争之中,企业的生存与发展,依靠自身的竞争能力,而并非取决于外界的力量。现代企业文化建设要求企业在增强物质文明建设的同时,要注重培育与强化企业精神,开展对"软件"系统和精神因素的研究。企业精神是企业在谋求自身的生存与发展、实现企业的价值体系与社会责

任而从事生产经营的过程中所形成的一种群体意识,它是经过较长时间的自觉培养而形成的。企业精神是企业的精神动力与精神支柱,还是企业文化各项内容中的最高层次。企业精神能够把企业群体中不同层次人员的不同思想倾向和态度统一到企业的整体观念上来。

当然,在对企业精神进行培育时,需要注意以下几项指导原则:一是实践性原则。培育企业精神的过程,也是企业员工立足企业,在生产经营实践中产生意识、信念、心理、观念等精神的东西,并经过长期的积累,逐步巩固,进而培育和升华的过程。因此,提炼企业精神,必须是从实践中来,通过实践、认识、再实践、再认识的过程,才能使其更加完善。二是时代性原则。企业精神是一个符合时代精神、内容丰富的体系,企业精神的形成,要受时代精神的制约来检验其是否拥有时代性,还要看企业精神对社会生产力的发展是否具有促进作用。三是科学性原则。在对企业精神进行培育时,要依据企业的实际,科学对待,切忌草率从事或随意拔高。四是群众性原则。企业精神凝聚着群体意识,它是企业员工在群体意识的支配下,将企业看成一个命运共同体,个体成员对群体的归属和忠诚及重视企业的整体利益等思想的集中体现。因此,对企业精神的培育,不能脱离企业员工群体的广泛、热情的参与。

四、要重视现代企业文化的实践活动

在现代企业文化建设中,不同企业拥有不同的方式与方法,总结起来,大体可分为以下几种。

(一)进行正面宣传灌输教育

我国企业一贯注重正面宣传灌输。在员工进入公司的当天,就会有人对其进行宣传教育和技术培训,并经常开展思想政治教育。通过宣传灌输教育,使全体企业员工了解党的政策、方针、路线,也使全体员工理解与认同企业精神和企业价值观,从而形成巨大的凝聚力和向心力。

(二)开展合理化建议活动

企业进行合理化建议活动,实质上就是引导和组织员工想办法、出主意,提建议、搞革新,参与企业生产经营活动与重大问题的决策。经实践验证,企业通过开展合理化建议活动,能够在管理和技术上获得重大突破,也可为企业带来直接的经济效益。此外,还能够促使企业员工积极投入,使其

尊严和价值得到尊重,从而发挥员工的主动性、积极性与创造性。

(三)树立企业先进典型

企业开展先进人物的评选与表彰活动,为企业树立先进典型,使现代企业文化建设拥有一个象征形象。企业的先进人物、英雄,是企业员工心中有形的精神支柱,能够号召企业员工学习他们,用先进推动后进,进行现代企业文化建设,可获取事半功倍的效果。

(四)建设优美的企业生态环境

一个企业拥有怎样的生态环境,对员工的身心具有很大的影响。进入一个绿树成荫、鸟语花香的企业生态环境中,企业员工的敬业、奉献、爱厂、建厂之心就会自然地产生出来。因此,美化企业的生态环境,为员工提供一个良好的氛围是非常重要的。

(五)举办有益的文化活动

企业可开展运动会、艺术节、歌咏比赛、知识竞赛、舞会、演唱会、文艺晚会、书画活动、读书活动等,通过这些文化活动来熏陶员工的情操,加强企业的吸引力、凝聚力,从而促进现代企业文化的建设。

五、现代企业文化建设要经历一个不断完善的动态过程

现代企业文化建设是由实践到理论,再由理论回到实践的一个不断完善的动态过程。

(一)分析评估

对于企业文化的现状,企业应当进行分析和研究,做出符合客观实际的评价。分析企业文化的现状具体包含如下几个方面的内容。

1.企业历史因素

在现代企业文化建设时,需要考虑到企业的历史因素,并依据时代的变化来分析和研究对现代企业文化的影响,使现代企业文化不仅表现出历史的继承性,还具有鲜明的企业个性特色与强烈的时代气息。

2.社会背景因素

社会背景因素主要包含社会经济状况、社会政治制度、社会文化与道德风尚等。企业对社会背景因素进行分析和研究,对确定现代企业文化建设发展战略与坚持现代企业文化建设的正确方向具有重要的意义。

3.地理环境因素

该因素是影响企业生产经营与现代企业文化建设的外部因素。地理环境不同,会对企业的生产、员工的行为方式与心态观念产生不同的影响。在现代企业文化建设时,企业必须对地理环境因素进行分析和研究,并认真思考相应的对策和措施。

4.员工素质结构

这实质上是"人的因素"。它对企业精神的形成和企业价值观的取向有着重大影响。

5.行业特点因素

企业所属行业的差异决定了企业经营管理方式、员工素质的不同,这些特点对企业的个性文化也会造成直接影响。

通过以上几种因素的分析,对企业的文化现状进行比较正确、全面的评估,就能为现代企业文化建设规划的制订提供可靠的依据。

(二)规划设计

基于对现代企业文化现状的分析和评估,企业可制订出富有本企业特性的切实可行的现代企业文化建设规划。规划的主要内容包括企业目标、制度规范、企业精神、文化活动和价值观念等。在设计现代企业文化建设规划时需要注意如下问题。

1.要论证与评估

要注意企业文化规划设计的合理性、科学性与可行性,必须要有充足的时间进行论证与评估。

2.要集思广益

现代企业文化是全体企业员工的文化,企业文化建设规划的设计应充分集中和表现广大员工群体的意愿,所以必须由企业领导与广大员工一同努力完成。

3. 要经过一定的组织程序

现代企业文化建设规划一旦设计定格后,就应当采取一定的组织程序予以正式通过实施,获得企业领导与全体企业员工的认可,以提高规划的约束力和执行力。

(三)实践提高

现代企业文化建设规划所确定的任务与目标,应全面地反映在企业所有经济活动和员工的行为之中,并重视在实践中进行总结提升,上升至现代企业文化理论的高度,进而指导实践。在实施过程中,可运用一些强化的手段或措施。

1. 领导垂范

领导的重视程度是决定现代企业文化建设程度的关键。企业领导层,包含党、政、工、团的负责人,既要拥有强烈的现代企业文化意识,还要身体力行地起到榜样作用。

2. 舆论宣传

现代企业文化实践工作的第一步是宣传教育。通过多种形式的宣传教育,才能加强员工的企业文化意识,逐渐形成现代企业文化的氛围。

3. 树立典型

表彰在现代企业文化建设过程中拥有显著成绩的先进个人和先进单位,给企业和员工提供学习借鉴的榜样与经验。

第四节 弘扬优秀传统文化,建设中国特色社会主义企业

我国的传统文化提倡"以人为本""天人合一",强调自强不息、艰苦创业,强调精忠报国、舍生取义,强调诚信待人、与人为善,强调见利思义、推己及人。在发展社会主义市场经济的今天,这些中华民族的传统美德依然拥有振奋民族精神、提高民族凝聚力、整合社会力量及协调利益矛盾的重要作

用,值得我们继承与弘扬。继承与弘扬传统文化,努力体现时代要求和时代特征,取其精华、去其糟粕,古为今用、推陈出新,不断促进企业的持续发展。运用传统文化,正确处理企业发展过程中出现的环境与资源、增长与发展、对内与对外、竞争与和谐及人与自然、社会等各个方面的问题与矛盾,建立一个良好、稳定、宽松的发展环境和合作关系,提高企业发展力,增强组织凝聚力。

一、传统文化的范围界定

我国的传统文化,从广义方面来讲,是指代代相传、具有特点的精神文化和物质文化的总和;从狭义方面来讲,是指心理道德、风俗习惯、哲学、宗教、艺术、文学等意识形态的思想文化。这类思想文化本身就是一种巨大的精神财富,其瞬间的巨大力量是无法估量的。

我国的传统文化源远流长、博大精深,是中华民族的历史遗产在实际生活中的体现。此思想体系包含着丰富的文化科学精神,主要表现在3个方面:一是兼容之学,中国传统文化并非是一个封闭的系统,古时,虽然在对外交往上受到条件的限制,但中国还是以开放的姿态实现了对外的兼容;二是凝聚之学,中国传统文化是内部凝聚力的文化,这种文化的基本精神是注重和谐,把人与自然、个人与他人、个体与群体有机地联系起来,构成一种文化关系;三是经世致用之学,儒家文化的本质特点是提倡天人合一,推动人与社会、人与自然的和谐,从追求认识天、地、人的关系为着眼点,立足于"修身、治国、平天下",使人的内在修养与外在的经世治国实现完美的统一,力求在实际社会中发挥其作用和价值。

二、中国特色社会主义的先进性来源于中国传统文化的优秀性

我国的传统文化源于天道的人道,是我们祖先从天道中领悟出来的,换句话来形容,就是从天上掉下来的。《阴符经》中提到:"观天之道,执天之行,尽矣。"这是对中华民族生生不息的奥秘和中国文化来源的最高、最好的总结。这里的天道是指大自然(宇宙)运行的规律。大自然不会言语,只会表演,周而复始,真诚无欺。中华民族的先祖们正是通过反复观察天象,领悟出大自然的运行规律,以指导自身行动,并创造了文字,世代相传,给我们留下了天人合一的人道,这就是中国文化。

中国的文化博大精深、源远流长,归纳起来主要是由"公、诚、仁、中、行"5个字构成。公,指公平、公正、无私;诚,指诚实,真实无欺,既不欺骗别

人,也不欺骗自己;仁,指仁爱,人与人之间相互敬爱,也指慈,舍己为人;中,指中庸之道,无过、无不及,不左不右,恰到好处;行,指行动、力行和做。这5个字完全是先祖们从天道中学来的。例如,大公无私的公字,就来自于天道。"天无私覆,地无私载,日月无私照,天公地道。"不管是对什么人,老天爷都是公正无私的。还有诚字,也来自于天道。天地每时每刻都在运动,昼夜不停,四季分明,从不懈怠,非常诚实。再就是仁、中、行,也都是先祖们从天道中学来的。这5个字是中国文化中做人做事的基础,是中华民族团结奋进、生生不息的不竭动力。这5个字构成了中华民族的道统,指引中华民族创造了辉煌的历史,也能指引中华民族创造更加辉煌的未来。

三、为什么建设中国特色社会主义企业需要弘扬传统文化

众所周知,良好的企业形象是企业获取良好经济效益的来源,而树立良好的企业形象则要依靠优秀的企业文化。建设优秀的企业文化,一般都是继承了中国传统文化的精髓。因此,中国特色社会主义企业依旧要传承与弘扬传统文化,使之在现代企业发展中发挥应有的作用。

儒家的"尊仁德、讲信义、和为贵"的思想,与中国特色社会主义企业发展精神相吻合,其包含了企业发展过程中的全方面,可教导企业家与从业人员更好地做人做事、爱岗敬业。中国特色社会主义企业是站在社会主义市场经济的条件与全球经济化大背景下进行经营性活动的,企业在经营活动中,一贯遵从以人为本原则、诚信原则、贵和尚中原则与利义并重的理念,而这些理念正是中国传统文化思想的见证,也是现代企业人士对中国传统文化的深刻理解和有力把握,这从某种意义上来说,促进了我国现代企业的发展进程。例如,儒家的"尊君而不主独裁"思想,表现在企业管理上,是企业需要一个极高诚信的主管权威,但不主张独裁,要善于听取基层各方的意见,主张民议,给人以深刻的启发;儒家的"仁""礼"思想,教导领导者应尊重企业员工,要以仁爱之心对待下属,员工与员工之间应互相体贴,形成拼搏、进取、团结的局面,充分激发员工的积极性。

四、传统文化精髓"以人为本"的激励之道

我国传统文化以儒家为代表的"重人道、轻天道"思想对社会具有很深的影响,孔子曰"天地之性,人为贵",强调万事万物"人"是极为可贵的。儒家思想是以"仁"为核心的一种人本思想,其强调人的价值。此"人本"的思想,已成为国人心理的一部分,固化为中华民族的性格特征。企业是由人组

成的，因此企业的最终发展也必然是为了人。这个"人"便包含了员工、顾客和企业主，也就是说，企业的发展要为这三类人的利益考虑。因此，企业管理者应当事事考虑到"人"，考虑到这件事会给"人"带来怎样的感受，这是中国人的习惯想法，也是真正的"以人为本"。

"人敬我一尺，我敬人一丈""人活一张脸，树活一张皮"，中国人对于人性的理解、关怀、尊重与西方人有着很大的差异。因此，在中国企业，领导者要真正调动员工的积极性和主动性，关键在于真正尊重员工，公平对待每一位员工。若是上级领导极为器重和信任某位员工，放手让其开展工作，这位员工一定会知恩图报，努力工作，以不辜负上级对自己的信任和支持。在一般情况下，哪怕没有高薪，只要企业领导者真正关心员工，做到"作之君，作之亲，作之师"，员工也会努力工作，这就是中国人"以人为本"的激励之道。

第七章　不同性质企业的企业文化建设

> 企业文化建设是基于传播学、策划学的,是一种理念的策划与传播,也是一种泛文化。本章主要是针对国有企业、中央企业的企业文化建设,股份制企业的企业文化建设,民营企业的企业文化建设和合资企业的企业文化建设进行了一个科学系统的概述。

第一节　国有企业、中央企业的企业文化建设

一、国有企业的企业文化建设

国有企业在中国的国民经济和人民生活中发挥着重要的作用。尽管改革开放以后,民营经济的快速发展使得国有经济在国民经济中的比重有了大幅降低,但国有经济在关系着国民经济命脉和国家安全的关键领域与重要行业依然占据着主导甚至是垄断地位。随着国内经济制度的深入改革和人们思想的发展变化,国有企业也需要与时俱进,不断进行企业文化的创新,促进企业的发展和壮大。这也是目前国有企业的企业文化建设的重点。

(一)国有企业的企业文化发展历程

国有企业的企业文化开始于中华人民共和国的成立。国有企业经历了无数风雨,它的企业文化大致经历了5个阶段。

1.部队军人阶段

主要是中华人民共和国成立初期,以20世纪50年代初期为代表。这一时期的企业领导者与骨干人员均是从部队中派遣下来的,因而对于工作

依然保留有一股专属于战争年代的态度、精神、风格和习惯。在此期间,企业中常常会出现"发扬不怕吃苦、不怕牺牲的精神""大会战"等词句。其特点就是对待工作就像对待战争一样,所有活动为前线,在企业的内部,生产一线被看作是前线,管理和后勤等被看作是二线。它的优点是能快速集中力量,迅速开工生产;缺点则是轻视成本与费用管理,浪费严重,效益观念不强。

2.事业人阶段

在20世纪50年代后期到1966年这段相对比较短暂的时期里,企业领导通常都积累了一定的企业管理经验,企业员工的素质也得到了普遍的提升,开始重视效益和效率,重视成本费用的支出,重视统筹安排与遵守经济规律规则等。此时期企业中常会出现如"××工程"等词汇,包含今天的"希望工程"等,均是该时期思维的拓展延伸。几乎所有人都把自身的工作当成一项事业来追求,都对自己的未来充满了无限的憧憬。但这一时期也存在着明显的缺点,就是对企业应遵循的经济规律仍然不够重视,对成本费用等也不够重视。

3.政治人阶段

此阶段指1966年后的10年时间,政治人的优势是锻炼了人们的政治头脑,促使全国从基层到中央能够保持一致高度,形成了一种强大的文化压力,此种压力若是运用到正确的方向上势必会获得超常的推动作用,反之,若是运用到错误的方向上,那么其对于人类的阻碍和打压作用也是超常的,而历史也恰恰证明了在此阶段中后者要大于前者。

4.改革开放初期的"事业人、政治人、经济人"三合一阶段

切身经历过这一时期的人们一定有着更深刻的感受。例如,被称为"承包国有企业的第一人"的马胜利,在其身上就表现得很浓缩,他既重视企业的经济效益,体现出强烈的经济人特点,但又将自己应得的500元奖金献给了国家,表现出一个十足的事业人和政治人特色。改革开放的近40年,就是整个社会不断发生变革的时代,各种思想与行为纷纷涌现,各领风骚,各种文化重新洗牌,不断进行着各种组合的实验与求索。

5.现阶段

在当前阶段,形成了符合市场经济的稳定成熟的企业文化。在这里,存在着一个怎样将我国国有企业所走过的路程中形成的文化与国外流传进来

的市场经济文化有机组合的问题。从国外流传进来的文化既有其优点,也有其缺点,我们自身所具有的企业文化同样也是优缺点掺半,这就要看如何进行组合了。若都是将缺点组合在一起,该企业的结合势必是破产倒闭;若是组合得不够好,企业经营就会十分困难;若是组合的皆是优点,企业就能生存发展,获得不竭的生命力。

(二)国有企业的企业文化建设现状及改进

21世纪以来,国有企业的企业文化建设获得了极大的重视,国资委等有关部委的领导曾多次提出,国有企业的领军人或一把手应亲自严抓企业文化的建设工作。在建设富强民主文明和谐美丽的社会主义现代化强国的战略目标中,国有企业的企业文化建设肩负着新的更艰巨的历史任务。一些专家很早就提出,建设国有企业的企业文化必须观念先行、思想先行,应坚持用发展的马克思主义思想来指导企业文化建设的实践,运用历史唯物主义、辩证唯物主义的科学认识论和方法论,与时俱进、解放思想、实事求是,以科学的、辩证的思维方式,从国有企业发展战略的层面来把握企业文化建设,将科学发展观、以人为本、建设和谐社会等先进思想观念融入企业文化建设的整个过程,为国有企业的生产经营管理与改革发展稳定服务。

国有企业多数都是关系着国家安全和国民经济命脉,在关键领域与重要行业占据着支配地位的国有重要骨干企业,担负着弘扬民族精神、促进社会进步、推动经济发展的重任,在建设先进企业文化中起到主导与示范作用,并为全面建成小康社会、发展社会主义先进文化做出重要贡献。

在长期实践的过程中,国有企业积累了丰厚的文化底蕴,形成了独具特色的、体现着时代要求的企业文化。尤其是21世纪以来,很多企业在提炼经营理念、培育企业精神、塑造企业形象、推动制度创新、加强员工素质等方面进行了更广泛、积极的探索,取得了丰厚的成果。然而,国有企业的企业文化建设工作的发展尚不够均衡,有些企业的企业文化建设指导思想和目标不够明确,对其重要性认识不足,并且一味追求形式与表层而忽略了企业相关制度的完善和企业精神内涵的提炼,企业文化建设与企业的经营管理和发展战略存在脱节,缺少常抓不懈的机制等。因此,国有企业的企业文化建设急需进一步规范与加强。此外,国有企业的企业文化建设须坚持重在创新,不仅需要继承国有企业的企业文化的优良传统,还要与目前生产经营和改革的实际相结合,更要立足于企业未来的发展需要,积极借鉴世界先进的企业文化与管理思想,运用创新的思维、发展的观点对企业文化进行归纳、提炼和创新,进一步突出国有企业的特色,弘扬时代精神,促使企业文化建设更满足形势任务与时代发展的要求。

(三)企业文化现阶段建设

进入互联网时代,人的作用成了决定着市场成败的关键因素。除了待遇留人、事业留人以外,更重要的是文化留人,使得人们能够在企业中感受到尊重,实现自身的价值。成功的企业在其发展过程中,均会逐渐产生企业自己独具特色的文化,并将对应的制度进行保存与继承,变成激励企业员工不断进取及企业不断发展的巨大精神动力,在企业经营活动中也起到不可替代的作用。国有企业在长期的精神文明建设中不断积累宝贵的经验,需进一步增强企业文化的建设力度,创造更好的环境,以适应未来的市场竞争和挑战。

(四)企业文化建设存在的主要问题

一是对于企业文化建设工作的重要性,企业领导者没有充分的认识,没有将之融入企业战略中作为一项提升企业核心竞争力的重要工作来抓。

二是各个部门未协同行动,企业建设与管理中的各项工作,例如,招聘人员、提拔干部、对外宣传等没有在企业精神的引导下形成整体,发挥出合力。

三是没有将企业文化建设看成一项系统性、长期性的工程来做,缺乏统一的规划。

四是没有全方位开展企业 CI 工作,特别是企业精神开发的深度不够,未能形成具有突出特色的企业理念。

五是没有深入进行企业文化教育,很多企业员工包含职能部门的部分工作人员对企业文化的内容和宗旨存在模糊认识。

(五)企业文化建设的改进建议

企业文化建设是一个长期的系统工程,必须将企业文化建设归入企业战略规划中,从企业高层开始统一认识,群策群力,并注意做好如下几项工作。

1.切实加强领导认识

先进的企业文化是先进文化的重要构成部分。企业领导应从战略的层面来认识企业文化建设的必要性和重要性,不仅成为企业文化建设的积极倡导者,还应成为企业文化的先进代表,通过自身的实际行动为员工们做出表率,同时也应成为企业形象与企业精神的代言人。另外,企业领导要认识到企业文化建设不仅密切关系着企业经济效益,还对企业的长远发展及社会形象等均具有极为重要的影响,应当把企业文化建设提升到战略的高度,依靠企业文化建设来培养企业的核心竞争力。

2.认真进行总体规划

企业文化建设是一项长期浩大的工程,无法一蹴而就,所以要做好详细的规划,通过长期不懈的努力与整体的提升来逐渐实现目标。在制度方面,从各部门协同与全体员工的共同努力入手,制定相应的岗位职责和奖惩措施,以确保制度的贯彻落实;在时间方面,制定中期目标和长期目标,以及各个阶段实施的具体计划;在广度方面,专门培训和日常教育密切结合,包括企业员工的言行举止,通过员工的行为展示企业风采,表现文化建设的成果;在深度方面,分析和研究怎样把工作做细做实,并做好长期坚持不懈的准备;在针对性方面,考虑总部机关、企业领导、分企业乃至一线员工的实际情况,以员工喜闻乐见的形式广泛深入进行企业文化建设。

3.努力形成合力

企业文化建设涉及面广,既需要每个员工的积极参与,还需要如下部门发挥主导作用,协同努力。

(1)人力资源部

在招聘人员时,应将企业文化当作应聘人员的重要依据,确保人员进入的质量。在招聘时,应告知应聘人员企业文化的特点,使之明确自己与企业文化是否相适应,对于不符合企业文化的人应严格把关;在提升干部时,也应以企业文化为依据,既要考查提升对象为企业创造的效益,还要将领导力和团队精神等和企业文化紧密相关的因素当作重要的考评指标,将这些有着较强能力又与企业文化精神相符合的人员安置在重要岗位上,进一步促进企业文化建设,形成良性循环;在对员工进行培训时,应重点突出企业文化精神,使得企业文化精神、理念等深入人心,使员工真切地感受到企业文化的存在,从中获得前进的动力,并转变为员工的自觉行为。

(2)党建部门

除去正常的党务工作外,还应将工作的重心转向企业文化建设上来。党建部门应成为企业文化建设的主力,充分发挥党组织的凝聚力与战斗力。以企业精神为主线,教育党员在争当先进文化的代表、树立企业形象等方面发挥模范先锋作用,发挥党支部在企业文化建设中的桥梁作用和战斗堡垒作用。这不仅是贯彻"三个代表"重要思想的表现,也是党建部门在新形势下发挥作用的广阔舞台,大有可为。另外,指导团组织配合企业文化建设,号召与领导广大团员青年们发挥生力军作用,为企业文化建设不断增加活力。

(3)文宣部

在统一规划的指导下,综合应用 CI 宣传和内部教育的手段,推动企业员工对企业确立的文化观念、社会理念和价值观的认可,确保员工个人观念和组织的组织观念相符合。对自觉以实际行动实践和发扬企业文化并创造出良好的社会效益与经济效益的员工,提高正面宣传的力度,保证符合企业文化的人获得更多尊重,加强人才的荣誉感,营造人才成长的良好环境。

(4)工会

把工会原本的职能融入企业文化建设中去,例如,引导员工进行技术创新活动、发挥员工的主人翁精神等;努力成为企业的桥梁、员工的贴心人,弘扬企业以人为本的文化精神,维护员工的正当权益,树立企业对社会负责的良好形象,增强企业的凝聚力;多组织一些以企业精神为主体的各种活动,如联谊会、讲演会、专题报告会、知识竞赛、产品质量分析会、文体活动比赛等。通过以上这些有效形式,指导企业员工领悟企业精神,并能够自觉转化为实际行动。

4.全面推进企业文化体系建设

企业文化建设是一个系统工程。企业文化建设包含制度文化、精神文化、物质文化和行为文化 4 项基本内容,这几个方面相辅相成,又互为补充,四者的有机统一构成了企业文化的完善体系。在实践中,应当根据企业管理与文化建设的内在规律,依照"以人为本,促进和谐;支撑战略,引领发展;立足实践,指导实践;传承创新,持续优化;突出特色,注重实效;领导带头,全员参与"的 6 条原则,全方位促进企业制度文化、精神文化、物质文化和行为文化四方面的建设。在行为文化和价值观念上,应当给予新的文化内涵,融合时代的特点,形成企业和其他企业相区别的独特之处,促使员工进一步从企业文化方面认同企业,可进一步提高企业的凝聚力,展现出新的精神面貌与行为举止,从而产生强大的文化力。

二、中央企业的企业文化和品牌建设

企业文化是企业在其发展过程中形成的共同遵守的行为方式、物化传播方式和价值理念的总和,是企业生存发展的指导思想。企业文化主要是为了明确企业生存和发展的指导原则,由此来增强企业的管理水平。优秀的企业文化,既对企业管理有益,还对塑造和支撑企业品牌具有一定的效用。

品牌指的是企业及企业所提供的服务或产品的综合标识,包含企业及企业所属产品或服务的品质、特性和声誉等。品牌是一种错综复杂的象征，是名称、属性、价格、包装、声誉、历史、广告方式的无形总和。此外，品牌也因自身的经验和消费者对其使用的印象而有所界定。一个品牌不仅是它的"名称、标识和其他可展示的标记"，从更深层次的意义上来讲，它牵涉着与消费者的"契约"、对消费者的"承诺"及给予消费者的"信任"。品牌的形成主要凭借以下3个要素：企业的社会形象、产品的知名度、经营者的个人魅力和能力。一个成功的品牌应当是文化和品质的有机结合。

(一)企业文化和品牌之间的关系

品牌是文化的载体，文化是凝结在品牌上的企业精华，也是对贯穿在品牌经营整个过程中的意志、理念、团队风格和行为规范的表现。因此，当产品同质化的程度越来越高，企业在产品、渠道、价格上越来越无法通过制造差异来获取竞争优势的时候，品牌文化刚好提供了一种解决途径。可以说，未来的企业竞争不仅是品牌的竞争，也是品牌文化之间的竞争。企业文化和品牌的关系如图7-1所示。

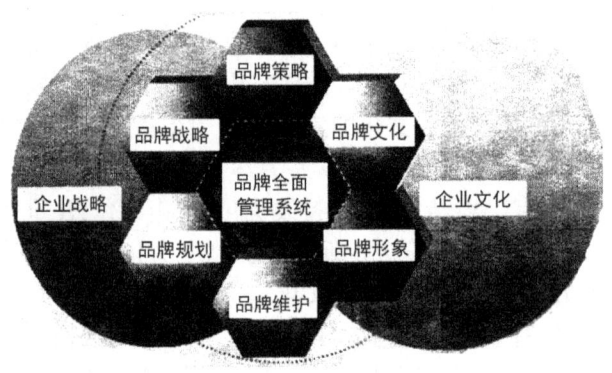

图7-1　企业文化和品牌的关系

(二)战略导向型企业文化是集团化中央企业的企业文化建设方向

随着规模的扩大和实力的雄厚，集团化中央企业的企业文化受到地域文化的影响也会越来越弱，融合文化、统领文化、规则文化、人本文化、创新文化的作用逐渐加强。除自身的母文化外，还有可能会出现具有行业和地域特色的子文化。此时的母文化建设主要以战略导向型为主，实现文化管理的意愿也被提到企业战略高度的层面上来了。

1. 如何建设战略导向型企业文化

战略导向型企业文化是以企业战略为基础,是为企业战略而服务,要求战略应对企业文化起到引导与指导作用。实现企业战略导向和文化目标相一致,企业员工的行为准则、价值观与企业战略目标相和谐,推动企业健康和谐与可持续发展,从而在企业内部形成"人的价值高于物的价值、共同价值高于个人价值、社会价值高于经济价值"的思想观念,确保企业文化的社会性与前瞻性。

2. 战略导向型企业文化的优势

战略导向型企业文化的作用主要表现在指导、约束、激励、凝聚企业员工,实现企业战略目标,规范企业的管理,塑造企业的对外形象和拓宽企业文化辐射范围。通过中央企业自身发展与兼并重组,人员结构、管控模式、产业结构等出现了复杂化,多元价值将无法避免地在企业经营管理过程中出现隐性冲突或显性冲突,企业文化的融合与整合随之而来,母子文化的关系需进一步明确。这种类型的企业文化更加适合企业集团,适合当作企业集团的文化建设目标。企业文化系统既对集团总部的战略管理有着引导作用,还必须对集团各独立的子文化系统具备引导和统领作用。

3. 战略导向型企业文化必须坚守的价值理念

伴随着企业影响力和企业格局的扩大,企业文化的意境也需要具有一定的高度,同时更加重视自身的社会责任。对此,在中央企业的企业文化价值理念中要表现出如下因素:创建和谐生态系统;树立合作共赢的发展观念;构建协作创新机制;打造学习型组织。

(三)中央企业品牌建设的步骤

每个品牌战略的核心使命都是创建品牌文化,虽然不是所有最终有着强大品牌文化的建设都是从最初就有意识去根据这样的一个流程去塑造品牌文化,但毫无疑问,他们在实施的过程中几乎都是按照这种流程操作,因此,最终的结果就是使品牌穿上了文化的嫁衣而焕然新生。建设品牌文化的流程通常包括如下几大步骤。

1. 整合与提炼品牌文化资源

筛选能够运用的各种文化资源,包含内部与外部的各种文化资源,按照品牌定位筛选与之有关的各种文化因素。其中,外部文化资源主要指的是品牌自身的一些资源,如企业名称(字号),这是企业无形资产中商誉的主要载体;内部文化资源指的是能够体现并影响品牌定位的各种文化因素,在企业文化因素的整合下保证内外部文化的一致性。

2. 构建品牌文化体系

在收集与整合内部和外部的各种文化资源以后,依据品牌战略的定位,对各种文化因素进行提炼与归位,确定品牌的价值体系能够使企业内部与外部的文化价值保持高度一致。因不同的客户、同一客户的不同产品会存在不同定位的品牌文化,所以企业品牌内涵及其价值涵盖品牌附加值和对客户的承诺等因素。品牌文化定位需要考虑如下几个因素:确定品牌文化个性、确定品牌文化范围、确定客户群体、确定品牌文化价值、评估和提升客户关系。

3. 构建品牌文化管理体系

品牌文化管理体系涉及品牌外部管理和内部管理两个体系。品牌文化外部管理体系是通过各种载体或媒体,围绕品牌文化核心进行传播,其主要的传播方式并非是广告这样的硬性载体,而是依靠各种宣传媒体进行长期的潜在渗透,即我们所讲的软文,此类软文以建立一种氛围为着眼点,使顾客潜移默化地接受此种文化的感染。换言之,就是所谓的洗脑式传播,虽然这个词不太好听,但它传达的是文化必须多次反复而且要潜在、无意识地传播,才有可能形成,"润物细无声"正是此种传播的高级境界。品牌文化内部管理体系是指如何针对品牌文化的定位,使公司的内部全体成员从认识上进行高度一致的协同,通过各种管理的行为,包含服务意识、现场管理和营销体系等过程进行品牌协同,即我们所讲的身心一致。

4. 创建核心竞争力

不管是哪种性质的企业,营利都是其生存与发展的根本,而走进市场则犹如逆水行舟,懈怠了核心竞争力的建设,丧失了营利能力的提升,缺乏企业效益的改善,慢于同行业发展的平均速度,势必会被勇猛的后来者所赶超。中国企业在经历了几十年的摸着石头过河、跑马圈地式的发展以后,如今正面临着转型升级的新挑战和新发展机遇,而核心竞争力的建设正是塑造百年品牌的根本。

5. 搞好品牌管理工作

品牌管理是一个科学的、复杂的过程。若是没有较好的品牌管理战略,品牌是不可能成长起来的。许多品牌只凭借耗费大量的资金做宣传来拓展客户资源,但因不了解品牌管理的科学过程,在有了一定的知名度后,就开始不再关注客户需求的变化,无法提供承诺的高质量服务,将会使客户转而使用其他品牌的产品,导致耗费了大量资金所获得的品牌效应只是昙花一现。因此,品牌的维持是品牌管理的重点。

总而言之,中央企业在进入世界500强的过程中,凭借硬打硬的营业收入来展现自身实力的同时,提升企业品牌塑造和企业文化建设这样的软实力也是保证企业可持续发展的根基所在。

第二节 股份制企业的企业文化建设

作为最完善的企业制度,股份制迄今已经有了200多年的发展历史,被称为"现代企业制度",这正反映了其制度设计的完善性。在国际上,凡是著名的大公司,如世界500强企业,都是以股份制形态出现的。从中国的企业发展现状来看,不管是国有企业的改制,还是民营企业制度的创新,股份制均是其发展的目标。

我国的《公司法》于1993年12月29日颁布,1994年7月1日正式实施。自该法施行以来,股份制企业获得了迅猛发展,一批市场竞争力强、制度完善的股份制企业开始进入国际经济舞台,成为中国和世界500强企业抗争的主力军。然而,从企业文化方面来看,中国的股份制企业的企业文化建设还不成熟,相比于国际上的著名大公司,仍有较大的差距。怎样通过企业文化建设,加强股份制企业的文化内涵,为企业成为百年老店奠定坚实的基础,是股份制企业发展中必须引起重视的建设内容。

一、股份制企业概述

(一)股份制与股份制企业的含义及其特征

1.股份制与股份制企业的含义

股份制是商品经济发展到一定阶段的产物,也是社会化大生产与信用制度发展的结果。在实际生活中,人们习惯将股份、股份制、股份制公司等画上等号。实际上,这三者是不同的,是有差别的。股份指的是将一个经济单位的资本或财富平均划分为若干单位,由单位成员分别占有的经济现象;股份制公司是一种企业组织形式;而股份制的含义就要广泛得多,其指的是根据一定的法规程序,通过发行股份筹集资本,组织股份制公司,对生产要素实行联合占有使用,按投资人股份额参与管理、分享收益、承担风险,并通过股票市场合理配置社会资源的一种经济形式。从这一方面来说股份制最少涉及三方面的内容:股份和股份制公司、股票和股票市场、一套完善的相关法规体系。

股份制既不是公有制,也不是私有制,是一种混合所有制。一家股份制公司是公有还是私有,主要取决于它的股本构成。股份制本身并不抵制不同主体的财产,由多个不同性质的主体—同出资组建的股份制公司,它的性质是混合型的,如果要划分其性质,可以用控股地位或公司中的持股比例来界定。

股份制企业,指的是以股份制为产权制度形式的法人经济实体。从现代公司组织形态的角度来看,股份制主要包括股份有限公司、股份无限公司、有限责任公司、股份两合公司和两合公司5种基本类型。在现代商品经济与市场中,股份经济的主要存在形式为有限责任公司和股份有限公司两种,这也是现代企业的主要组织形式。股份有限公司,指的是由一定人数的股东组成,其全部资本分为等额股份,股东以其所持股份对公司承担责任,公司以其全部资产对公司的债务承担责任的公司。股份有限公司是最典型的法人组织,它的特点是:股份有限公司的资本划分均等股份,股份可自由转让,所有合法持有股票的人,均是公司的股东,股东承担有限责任,股东人必须达到法定的人数。有限责任公司,指的是股东以其出资额为限对公司承担责任,公司以其全部资产对公司的债务承担责任的公司,它由法律规定的一定人数的股东所组成。其特点是:有限责任公司的股东人数一般有最多人数的限制;有限责任公司的股东对公司的责任以出资额为限;有限责任公司股东出资的转让有严格限制,转让应由公司批准,并在公司登记;有限责任公司不能公开募集股份,不能发行股票。

2.股份制的基本特征

作为一种典型现代企业组织形式、所有制形式和资产制度,股份制主要具有以下几个基本特征。

(1)通过发行规范化的股票筹集资本

股份制企业是通过一定的法定程序发行股票,广泛筹集资本而组建起来的。股票是股份制的基本构成要素,也是股东拥有企业产权的凭证。

(2)坚持利益共享、风险共担的原则

股份制企业的利益与风险的最终受益者和承担者均是企业的股东,把企业和股东紧密地联系在一起,一荣俱荣,一损俱损,构成了真正的利益共同体。

(3)实行资本的经济上的所有权与资本的法律上的所有权的分离

股份制企业通过发行股票筹集资本,公司(企业)一旦正式成立,资本的所有权和职能资本就分离了。资本的法律上的所有权转化为股权,归股东所有,股东是企业资产的最终所有者,其行使股权赋予的一切主权。资本的经济上的所有权,也就是指完全独立的资产经营权。因此,股份制是一种经营权与所有权分离的企业法人制度。

(二)中国股份制经济的发展过程及现实意义

1.中国股份制经济的发展过程

中华人民共和国成立后,中国运用过公私合营的股份制形式(虽然是一种极不完善的股份制经济)。从1956年到20世纪80年代,因中国国内一直推行产品经济体制,施行的也是生产资料的集体所有制和国家所有制,因此,股份制经济在中国没有生根成长的土壤,股份制被完全取消了。但在党的十一届三中全会以后,中国开始了全面的经济体制改革,股份制经济在改革中重新出现并逐步发展起来,尤其是党的十五大召开以后,人们的思想问题得到进一步解决,中国开始进入加快改革、扩大开放的新时期,股份制也迎来了一个新的大发展时期。

改革开放后,中国的股份制经济最先出现在农村。1979年,为了提高生产能力,部分乡镇企业采取了集资入股、合伙经营和股息分红的办法,农村中集体股份企业快速成长发展起来。在农村股份企业中,由于各类生产要素的组合,出现了"以资带劳,以劳带资"的方式筹集资金,逐渐形成"企业股份化,经营集团化"的新局面。之后,在政策方面,国家开始允许并保证个人资金通过入股的方式进行投资。党的十二届三中全会通过《中共中央关于经济体制改革的决定》之后,为了扩大企业经营权,促进企业之间的横向经济联合,各地企业出现了资金、设备、技术等投资入股的形式,这是法人持股的股份制的开始。

1983年,深圳市根据股份制的办法建立了宝安县联合投资公司,在深圳市第一次公开发行"股金证",后来演变成真正的股票。1984年,北京天桥百货商场更名为"天桥百货股份公司",并发行了3年期"股票",北京由此出现了第一家股份制公司。1984年11月,由上海电声总厂发起,组建了上海飞乐音响股份有限公司,成为中华人民共和国成立以来首家向社会公开发行股票的、比较规范的股份有限公司。1986年,中国工商银行上海信托投资公司静安证券部首次进行股票的柜台交易。

1987年,党的十三大明确提出,试行股份制。中国开始普遍地进行股份制试点,股份制企业在全国各地普遍发展起来。根据1988年不完全统计,当时股份制试点企业已经达到3800多家。1990年11月与1992年7月,上海、深圳两市的证券交易所正式成立。1992年,国家出台了《股份制企业试点办法》《股份有限公司规范意见》《有限责任公司试点办法》和《有限责任公司规范意见》,结束了股份制试点时期全国没有统一规范的局面。国家在1993年12月29日颁布了《公司法》,并于1994年7月1日正式施行,这标志着中国股份制企业开始逐渐走向完善和法制化、规范化。1997—2001年,中国股份制企业从7.2万家发展到近30万家;从业人员从643.7万人增加到2746.6万人;全年实现营业收入从8311亿元增加到56 733亿元。2017年,党的十九大报告提出,在全面完成公司制改革的基础上,积极推进股份制改革,引入各类投资者实现股权多元化,探索建立优先股和国家特殊管理股制度。

从改革开放以后的股份制经济的实践与发展状况来看,股份制是一种科学的现代企业制度。我国进行股份制企业的组建与试点是适应社会市场经济发展的一种有益的探索。实行股份制对于转换企业经营机制,拓展新的融资渠道,推动资源的合理配置和生产要素合理流动,增强国有资产营运效率,调整产业结构,加快经济效益的提高等方面,均具有积极的作用。股份制还有助于确立企业员工的主人翁意识,"利益共享,风险共担"的利害关系把员工与国家、企业紧密连接在一起,和企业共命运、同兴衰,更加有助于企业树立起拥有自身特色的企业精神,塑造自身的企业形象,培育出股份制企业共同价值观,真正推动企业利益共同体的形成。

2.中国股份制经济发展的现实意义

(1)股份制成为公有制主要的实现形式

党的十六届三中全会明确提出,"大力发展混合所有制经济,实现投资主体多元化,使股份制成为公有制的主要实现形式",这也是一个重大的创新与突破。

建立现代企业制度的重要途径就是对国有企业进行股份制改造。通过股份制改造,国有企业既能注入大量资金,还能够加快企业经营机制的转换和制度的创新,增强国有企业的生机与活力。第一,国有企业改制使得股份制经济在国民经济中占有重要的地位;第二,推行股份制开辟了国有企业新的融资渠道;第三,实行股份制改造,有助于国有企业建立现代企业制度;第四,推行股份制有利于国有资产保值增值。

(2)以股份制改革推动民营企业健康发展

民营企业指的是公民投资、公民受益、公民承担风险的法人经济实体。我国进行改革开放后,尤其是党的十六大召开以来,中国的民营企业获得了迅猛发展。民营企业对于国内生产总值的贡献率已经由1979年的不到1%增长到2007年的60%以上。

但是,民营企业在发展过程中依然存在一些问题。第一,外源性融资难;第二,专业化协作水平低;第三,创新能力弱;第四,存在着行政性产业准入壁垒。要想解决这些问题,需要改善国家的宏观环境,也需要民营企业创新自身的制度。而民营企业创新制度的一个重要取向就在于股份制改革。通过股份制改革,能解决民营企业外源性融资难的问题;能加强民营企业的技术创新能力;能持续优化民营企业生产组织结构,提升其专业化协作水平;能打破行政性产业准入壁垒,让民营企业平等地参与市场竞争。

二、股份制企业的企业文化的形成及其特征

(一)股份制企业的企业文化的形成

股份制企业的企业文化是适应于股份制度的一种现代组织文化,是文化和经济互相渗透、互相促进、互相交融、互相包含的文化经济一体化的必然产物。

股份制企业的企业文化是和股份制企业同步形成、共同发展的。典型理论化的企业文化实质上也可以看作股份制企业的企业文化(即公司文化)。

从18世纪中叶至19世纪末期,属于企业早期管理阶段。在此阶段,股份制度在欧美国家的交通运输业、银行业及一些自来水、煤气等公共事业企业和部门得到发展,成为企业的主要组织形式。与之相适应的是早期管理方式与物质层面的企业文化。

自19世纪末到20世纪初,发达的资本主义国家陆续完成了工业化的任务,资本主义发展到现代资本主义阶段,股份制经济已经成为英、美等国家起主导作用的经济形式,股份有限公司成为现代公司制度的典型形式。在此时期,出现了以泰罗和弗雷德里克为代表的"硬管理"模式,企业管理进入了科学管理阶段。虽然这一时期的管理过分强调人在生产中的经济需求,而对人的自我实现和精神等需求方面较为忽视,但从企业制度文化和物质文化的方面来看,仍具有进步意义。

20世纪30年代以后,现代股份制开始走向规范化、法规化,这时期出现了"社会人"的理论,从此企业进入现代管理阶段。这一时期出现的行为科学理论,以人为研究对象,提出员工既是"经济人",也是"社会人"的观点,企业管理的任务是怎样把人的智慧与创造性有效发挥出来。企业文化建设以人为中心,注重人心、人性管理。

如上文所言,企业文化的理论形成于20世纪80年代初期。首先,在美国兴起了研究"企业文化"的热潮,1981—1984年,陆续出版了《Z理论——美国企业如何迎接日本的挑战》《美国企业精神——未来企业管理的八大原则》《日本的管理艺术》《探索企业成功之路——美国优秀公司的管理经验》《企业文化》5部企业文化理论专著,为企业文化学科体系奠定了基础。只要深入研究这一时期的企业文化,我们不难看出这时期的企业文化理论是产生于现代公司制企业(即股份制企业)的新的管理理论,不管是从理论特点上还是内容上,从一开始就明显反映出现代公司(即股份制企业)的特征,是股份制企业的企业文化。该企业文化理论的显著特点包括:一是重视研究企业群体行为;二是主张依靠企业共同意识。它揭露了现代管理中文化因素所起的重要作用。

伴随着西方企业文化理论的进入和中国现代企业制度股份制企业的出现,中国的股份制企业的企业文化开始产生,直到20世纪80年代中叶才开始兴起。以上海石化公司、仪征化纤股份有限公司、吉林化学工业公司等为代表的一批股份制企业的企业文化建设的优秀领导者和科研院校的专家学者们共同努力,从实践与理论的结合上促进了中国股份制企业的企业文化的形成与发展,推动了中国企业管理从制度的、物质的层面向文化层面的深层次发展。随着经济文化化、文化经济化的交叉生长,股份制企业的企业文化出现了一体化、复合化的新趋势。文化经济的一体化是现代世界文化发展的新潮流,其对当代中国建立社会主义市场经济体制、建立现代企业制度、企业的两个文明建设都将起到非常重要的促进作用。

(二)股份制企业的企业文化的特征

股份制企业的企业文化,因受股份制经济自身制度与经济机制特征的影响,与一般的企业文化相比,表现出以下几个特征。

1.风险意识与企业理念

股份制公司的资本以等额股份所构成,股份以股票形式展现,股份制公司筹集初始资本金时必须发行股票,股份制公司在存续期间,为扩大经营规模,也常以发行股票形式筹集资金。为了方便股票的转让,股票发行之后,股份制公司将向证券交易所申请上市交易。因此,规范的股份制企业是通过发行股票广泛筹集资本而建立起来的。股票有着很大的风险性,股东在进行股票投资时,有凭股权获取股息与红利的权利,同时还具有对企业亏损以投资额为限承担风险的义务。这种投资上的风险也可以说是一种由竞争产生的压力,因而有利于加强投资者和经营者的责任心,有利于形成员工的共同经营理念和风险意识。

2.平等性与企业民主

在股份制企业中通行的是股权平等与对等原则,所有的经济活动以投资入股的资本金额为准,一股一权,一股一利,股权平等,不承认其他特权。股份制的这种特征,有助于培育企业民主意识和实行民主管理。股份制企业的企业文化的一项基本内容就是民主管理,这是为了激发全体员工的积极性、参与感和创造性而形成的组织文化形式与管理方式,其包含企业多项活动中的民主权利、民主意识和民主环境等方面。

3.公开性与企业形象

股份制实行公开性原则,是一种开放性和透明度很高的经济制度。股份制企业要向社会募集股本,发行股票,就必须公开企业资产、财务及经营状况。此种公开性不仅有利于社会公众对企业的了解、选择与监督,还有助于加强投资者对企业的信任度。因此,注重企业形象的塑造与传播,是股份制企业的企业文化的一个鲜明特点。企业形象,是指投资者、消费者及社会公众对企业、企业行为和企业的各种活动成果所给予的综合评价与一般认定,它包含厂徽、厂旗、厂房、设备、厂服、商标、企业环境、厂名、广告等。深层形象,指的是管理水平、企业素质、企业信用、经济实力等。股份制企业的企业文化刻意追求企业形象、知名度和美誉度。

4.企业凝聚力与利益共同体

股份制企业遵循"利益共享、风险共担"的原则。此项原则把企业与股东、经营者、全体员工都紧密联系在一起,真正一荣俱荣,一损俱损,把全体员工的前途命运与企业的前途命运有机地联系起来,共同利益与个人利益、短期利益与长远利益较容易理顺。股份制企业的企业文化正是从理念和人性管理上,通过营造一个宽松和谐的文化氛围来提升企业内在的凝聚力,培育员工对企业产生归宿感。企业文化的凝聚功能,体现在这种文化一旦被企业群体认同以后,它就会释放出强大的协同效应,从各个层面、各个方面把全体成员团结起来,凝为一体,形成一种归属感和向心力,进而使员工自愿为企业的兴盛而不懈努力。股份制企业的企业文化的凝聚功能能真正推动企业利益共同体的建构。

三、以人为本,加强股份制企业的企业文化建设

(一)培育具备股份制企业特点的企业精神

股份制企业是公司法人企业,是真正的自主经营、自负盈亏、自我约束、自我积累的市场主体。股份制企业在其市场经营管理和竞争活动中,逐渐形成独特的企业员工共同的价值取向和态度,继而形成具有鲜明个性的企业精神。企业精神是企业文化的重要内容,也是企业文化的灵魂。一个企业若想生存、成长、壮大,在激烈的市场竞争中居于不败之地,那就必须要有一种精神,能够将企业和员工蕴藏的智慧、积极性与创造力,最大限度地挖掘和释放出来,员工与企业荣辱与共,利益共存,风险共担,使企业充满生机与活力,使企业形成巨大的竞争力和凝聚力。每个企业均有自身独具特色的企业精神。它以简洁而富有哲理的语言形式概括出来,是企业个性与现代意识相结合的一种群体意识。此种群体意识是企业全体或多数员工协同一致、彼此共鸣的内心态度、思想境界和意志状况,同时也是企业经营宗旨、管理信条、价值准则的集中表现,它构成了企业文化的基石。企业精神来源于企业生产经营活动的实践之中。伴随着实践的发展,企业逐渐提炼出有着经典意义的指导企业运作的哲学思想。

股份制企业的发展特别需要全体股东、员工强烈的向心力,将企业各方面的力量凝聚到企业的经营目标上去,而企业精神发挥了这方面的作用。人是生产中最活跃的因素,也是企业经营管理中最难掌控的因素。现代管理学格外注重人的因素,其最终目标就是尝试寻找一种具有代表性的先进的共同理想,将全体员工团结在企业精神的旗帜下,最大限度地发挥人的主观能动性。企业精神贯穿于企业生产经营活动的各个环节和各方面,给人以信念、给人以理想、给人以鼓励、给人以荣誉,同时也给人以约束。

(二)树立员工主人翁意识与共同价值观

企业文化内容丰富、辐射面广,企业的价值观正是企业文化的一个核心内容。

如上文所述,价值观是人们对客观事物的意义的总看法和总评价。企业价值观是企业全体员工共同认可的价值标准,也是企业文化的基石和核心。在企业文化建设过程中,很多企业家都极为重视企业价值观的建设,他们认为企业价值观的核心作用远远高于经济或技术的资源、组织结构作用

等。企业必须解决的首要问题就是树立明确的价值观,赋予企业价值观以生命。股份制企业依据"利益共享、风险共担"的原则,真正把企业、投资者和员工紧密联系在一起,有助于培育员工共同认同的价值观,有助于树立员工的主人翁意识。股份制企业价值观的作用具体表现如下:第一,有助于企业个性和基本特征的形成;第二,有助于企业观念的更新;第三,有助于把员工引导到企业所确定的目标上来,并最终使企业的目标变为员工自觉的行动;第四,有助于在面临新事业、新创举和必将遇到的风险面前,增强企业和员工的竞争意识与风险意识;第五,有助于员工正确面对企业的生产、经营目标、分配方式及整个企业的观念的改变,开阔视野,并不断加强理解和承受的能力;第六,有助于促使企业员工之间彼此相互理解和沟通,形成和谐的人际关系,确保生产、经营中的流畅、协调的劳动协作。股份制企业的企业文化建设在培育企业价值观方面,既要对与本企业有密切关系的客观对象进行价值评价,从中确定最有优良取向的价值观,又要坚持不懈地进行灌输、宣传与引导,使提倡的价值观念获得全体员工的认同。

(三)树立团队意识,努力营造和谐氛围

管理层结构的多元化是股份制企业的一个重要特点。股份制企业的管理层包含经理层和董事会。其中,董事会成员中有代表各方股东利益的董事,他们有的不在公司担任具体的职务,也有的作为公司的内部董事存在;有的在公司中担任执行董事或担任股份制公司的总经理、副总经理、财务总监、董事会秘书等;也有的是与股份制公司没有关联关系的其他机构或社会组织,如高校、行业管理协会等。这些董事常常是知名专家或学者教授,他们是同行的佼佼者,在社会上享有良好的声誉,有着一定的影响力或社会地位,被称为专家董事。在有些股份制公司中,尤其是国有企业改制的股份企业中,还有一些代表内部员工利益的董事,如党务和工会工作人员。

作为企业的经营管理者,股份制企业经理层的组成也是十分复杂的。从经理层成员的身份来看,不仅有职业经理人,也有董事会派出的董事;从经理层成员的专业结构看,既有专门从事经营管理的软专家,也有技术方面的硬专家;这些经理层成员的地域来源更是广泛,在一些跨国公司中,甚至有来自世界地区的高层管理者。

企业员工知识化程度越来越高、国内国际市场竞争的加剧、现代技术的快速更替,均使企业的管理难度增大,对企业管理团队的要求也越发的高。

一支优秀的管理团队,既需要团队中的每位成员拥有很强的岗位能力,还需要成员之间具备团队协作能力。因此,树立团队意识是团队管理的关键。

企业的发展不仅与人的创造密切相关,还离不开成员之间的和谐共处。

尤其是股份制企业,在企业的发展过程中,和谐的人际关系能够起到巨大的推动作用,而且和谐的企业氛围还可以让企业在激流中勇进,在逆境中生存,在稳定中发展,能够充分发挥企业的活力,展现企业在激流的市场中得以迅速提升的强大优势。

树立合作意识是建设股份制企业的企业文化的根本,而树立团队意识是企业竞争力的核心。在现代企业中,应大力提倡以人治企、以德治企、以和治企的理念,在实际工作中做到具体而微、细致深入,使企业员工感受温暖,让社会感到严谨,让对方感到诚意。要让和谐的理念深入扎根于每位企业领导者与员工的思想意识中,凡事均以"和"的观念来要求自身,服从他人,就可达到"无为而治"的最高境界,企业文化自然也就上升到另一个层次。

(四)坚持以人为本,创造"人文氛围"

企业文化的主体和主旨均是人。人不仅是经济、文化的创造者和社会实践者,还是经济、文化的接受者和社会主体。股份制企业的企业文化建设,要坚持以人为本,而以人为本,本质上是股份制企业怎样看待股东、员工和顾客与公众的问题。

股东对企业具备所有权,企业家对企业有管理和控制权,顾客与公众通过购买企业产品,最终拥有对企业的否决权和监督权,他们通过"舆论"和"货币选票"来行使其权力。员工通过参与企业民主管理行使自己的权力。

顾客与公众有获得价格低、质量高、方便快捷的产品和服务的需要,管理者有地位、权力、成就和与其贡献相适应的经济报酬的需要,股东有投资增值的需要。企业家若是无法满足这些需要,顾客与公众就不会买企业的产品,管理者就要跳槽,股东就要抛信。只有不断坚持以人为本,不断探寻解决人的需求的新途径,才能够不断创造出更高的效益和效率。

在企业的内部,以人为本的核心问题实际上就是解决员工与企业的关系问题,也是如何看待企业员工的需要和权力的问题。

在互联网时代,员工多元化的价值追求,既是需要企业满足的需求,也是创造力的源泉。互联网时代将会给企业带来新的机遇,迅速、激烈的竞争将会促使企业越发民主化,这也是企业获得竞争优势的唯一途径。在重新建设的企业文化中,人的自我实现的价值不在于权利而在于创造,不在于等级而在于工作。在横向化了的组织中,人们对于地位、等级的看法将会出现巨大的转变,能力与知识将成为企业新的价值基础,而对地位和级别的竞争将会慢慢消减,这将净化企业内人际关系,净化企业内的文化。企业在价值观和结构上的变化,将会超越政治和社会,最终将对整个社会造成影响。

互联网时代背景下的企业组织形式,应尽快适应此种变化,这种组织制度和形式既需要考虑到人员的职业,还要兼顾到人员的爱好、兴趣、脾气、秉性及其可能的发展方向。组织的核心可能是以善于把握方向和人际关系能力为主要考查对象而不再以业务能力为主要考查对象。此外,人员的薪金将根据能力与贡献而不是根据职位来确定,这表示业务经理可能会因为主要贡献在调整人际关系上而比主要贡献在业务上的员工拿的薪金要少,"升官"并不意味着"发财",这将会极大地降低企业内部的矛盾,尤其是将极大地减少优秀的专业人员均朝经理这条窄路上挤而导致人才资源的浪费,使得人才资源能够真正发挥特长、各尽其长,使不同类型的人才均可以在自己选择的道路和专业上不断实现自我价值,不断获取其应有的社会、经济和自我需求的满足。

总而言之,在文化建设中,股份制企业要重视理性和人文性精神、注重人的能力、创造力和积极性的发挥,为人的全方位发展与价值实现提供条件。

第三节 民营企业的企业文化建设

一、民营企业的企业文化建设现状

2016年,我国的固定资产投资中,民营经济的份额超过61.2%,2017年超过60.3%。据统计,2017年年底,全国私营企业达到了2700万户,注册资金超过165万亿元,个体工商户超过6500万户,民营经济占GDP的比重超过了60%。这些数据都表明我国民营经济整体实力在不断提升,个体实力也在不断壮大,已然成为支撑国民经济发展的重要力量。广大民营企业在推动经济增长、创造社会财富和缓解就业压力等方面发挥了极大的作用,在增强自身企业文化建设、承担社会责任、参与创建和谐社会等方面,民营企业也都有突出的表现。

(一)民营企业的企业文化建设的优势

1.市场意识是民营企业的企业文化建设的重要前提

民营企业时刻关注着市场,搜寻空白地带,一经发现,就马上调转船头,快速赶到。民营企业强烈的市场意识使其成了市场经济中最为活跃的主体。

2. 竞争意识是民营企业的企业文化建设的动力

民营企业对于市场机制的作用非常敏感,因而产生了不懈拼搏奋斗的动力,此种特性正好是国有企业所欠缺的,国有企业发展的紧迫性远不如民营企业那么强烈。

3. 效率意识是民营企业的企业文化建设的重要目标

民营企业的老板作为投资者,承担着更大的风险压力,他们在寻找每一个商机,在追求每一个技术信息,竞争的压力促使其强迫自身把主观能动性最大限度地发挥出来。

4. 创新意识是民营企业的企业文化建设的动力源泉

做之前未做过的事,做别人还未做过的事,这通常是民营企业最想做的事,也是民营企业迅速发展的重要原因。不断追求技术上的提升,既是民营企业成功的保证,也是民营企业生存的根本。

5. 人才意识是民营企业的企业文化建设的生命基础

没有哪个企业不希望企业内部人才济济,然而,有人才并不等同于具有人才意识。企业只有将人才看成是自己安身立命的基础,才算真正具备了人才意识。一些民营企业在总结企业的发展经验时曾说过,"成功＝人才＋机会＋机制",这三者缺一不可。在此公式中,人才是成功的首要因素。

6. 风险意识是民营企业的企业文化建设的必要条件

风险,指的是可能发生的蚀本。与此同时,高风险的背后也隐藏着巨大的发展机遇。所以,每个企业都必须谨慎对待风险,同时还要勇于面对风险。一方面,民营企业300％的利润将唤起它们拼搏的狂热;另一方面,60％的失败概率足以使它们冷静旁观。

7. 服务意识是民营企业的企业文化建设的内在灵魂

从商品到货币,民营企业有着更加强烈的服务意识,它们总是设身处地地为用户着想,使出各种方法来满足用户的需求。很多企业对用户的承诺是"客户至上"。

(二)民营企业的企业文化建设存在的问题

一是民营企业文化的形成、发展和扩散均有着一定的自发性,缺少政治观的指导。由于企业文化的形成、传播和扩散未能较好地建立在党的思想建设的基础上,没有形成正确的政治方向,故而导致企业文化的基础十分薄弱。

二是民营企业的价值观处于追求单一经济效益、低层次的状态。企业文化的核心,即企业价值观的形成、传播和扩散处于被动的状态,一般都是在被约束的状况下进行。

三是缺少系统完整的企业长期发展战略和文化体系。作为企业文化的形成源,企业家文化依然处于传统阶段,还没有自我形成文化体系方面的根本革命,限制了企业文化向更高层次发展。经过实践证明,企业家的价值理念既决定着企业家文化的发展方向及所处的层次,还是企业文化建设的关键要素。然而,很多企业家的价值理念仅局限在经济方面。例如,只有较低层次的经济价值观、经济理念,未能发展到高层次的政治价值观和政治理念等,换句话来说就是,没有把社会的价值利益看得高于一切,并为之努力奋斗。

二、民营企业成长过程中的企业文化建设及其对策

企业经营是否成功,有着许多影响因素,如市场、决策、营销、管理、人才、资金等。从一定意义上来讲,以上这些因素根源均在于企业文化,正是不健康或不适当的企业文化扼杀了企业,致使企业的没落,甚至倒闭。

下面就企业成长过程中几个阶段的企业文化建设及相应对策进行简要的分析,以期能够对企业文化建设有所启发。

(一)导入期

在残酷、激烈的市场竞争中艰难发展起来的民营企业,这一阶段的重点在于关注市场和自身生存状况,对于企业内部规范管理尚顾及不到,容易形成一切以"挣钱"为导向的文化氛围。在面对巨大的生存压力之时,常常容易丧失正确的价值判断能力,将追求利润的目标绝对化,目光短浅,甚至为了营利,不惜铤而走险,做出违法犯罪的事,导致辛苦打拼下来的江山毁于一旦,甚为可惜。

对策:需要企业领导者有着坚定的信念,以企业主的气魄与企业美好前

景描绘来激励员工;管理上以亲情为主,注重"人性化";注意及时纠正短期行为;注意克服传统文化中的宗法观念而导致的在企业中产生的关系网、派别等问题。

在这一阶段,企业主带领全体员工亲力亲为,以亲情纽带维系,上下同心,初步形成力争上游、团结互助的企业文化特色。同时,企业抓住市场发展机遇,发挥区域经营的优势,业务蒸蒸日上,企业表现出良好的发展势头。

(二)成长期

企业步入成长期之后,整体发展势头良好,随着各项工作的顺利开展,到了企业文化建设的重要时刻,此时的企业被成功的光环照耀,很容易被短暂的胜利冲昏了头脑,应当克服盲目自大等弊端。

对策:企业文化建设要着重强调制度层次的完善、精神层次的升华和物质层次的更新等;要重视企业可持续发展,考虑长远的规划;要进一步夯实管理基础,为下一阶段发展打下坚实的基础。克服企业文化建设中的弱点,例如,理念滞后、学习不够;用人唯亲而不能唯贤;小富则安,满足落后;视发展为唯一目标等。要依据企业发展的实际情况,与市场趋势相结合,重新调整规划战略,整合资源;抓紧抓好内部管理,尤其是要增强人力资源工作,协调处理好"嫡系军"和"空降兵"的关系;在经营管理中提倡创新精神,积极做好产品更新换代等工作。

(三)成熟期和转型期

这两个时期,企业文化基本已经定型。企业处于转型或继续发展的关键时刻。怎样"增创新优势,更上一层楼"就成为企业急需解决的一个重要问题。

对策:企业可运用变革的办法,在保留原有优秀文化的基础上,摒弃糟粕,不断发展。详细来说,就是重塑企业文化,也就是系统地建设企业文化,建设富有个性和特色的企业文化,将企业文化建设融入企业经营活动之中等,避免形成惰性习惯,使企业文化缺少生命力。

企业在加快向企业家转型的步伐的同时,也要考虑接班人的问题,在营销中做好市场的细分工作等,商场如战场,企业文化能够胜敌于无形,无形文化则能够创造有形价值。

第四节 合资企业的企业文化建设

合资企业是不同国家、民族、社会制度的文化融合在一起的经济实体。怎样将这些不同性质的观念、文化和习惯融合成为促进生产力发展的互补型企业文化,是中国在利用外资实践中提出的一个新的课题。

合资企业是中国企业丛林中的一个新种类,它最初就以自身独特价值观为基础的观念形态和行为规范而令人瞩目,而这正是孕育合资企业文化的土壤。

合资企业的企业文化的培养与建设应当把视角对准多种文化的结合点上,将焦距调整在股东、经营者、员工之间的关系上,博采众长,优化组合,齐心协力,培育和建设各方公认的独具特色的企业文化体系。

一、合资企业的企业文化的冲突及其解析

荷兰杰出的比较管理学专家霍夫斯坦特把文化定义为在一个环境中的人的"共同的心理程序"。他认为,文化并非一种个体特征,而是有着相同的教育与生活经验的许多人所共同具有的心理程序。不同的地域、国家或群体,其程序存在差异,这是因为它们的"心理程序"是在多年的工作、生活和教育下形成的,有着不同的思维。由此可见,文化是一个群体在信仰、价值观念、行为准则、态度和风俗习惯等方面所体现出来的不同于另一群体的鲜明特征。也正是这种文化在群体上的差异性,导致了跨国经营中的文化冲突。

对一些合资企业的调查研究表明,因文化差异的存在,双方在交流和合作中往往会出现如下问题:一是对对方的企业文化和管理方式不够了解,或是完全照搬外方模式,导致"水土不服"的现象;或者双方各持己见,互不相让,导致"双重指挥系统"的现象。二是对双方的政治、经济、法律,特别是对社会文化环境缺少足够的了解,文化的敏感性较差,双方常依据自身的文化,对来自对方的信息做出分析和判断,从而产生了不少冲突和误解。三是双方对合作中可能出现的困难的程度没有足够的思想准备,文化适应能力和解决文化冲突的技能都比较差,同时没有建立起互相理解和信任的协调机制。四是因为语言上的障碍,严重影响了双方的准确交流,再加上翻译的水平不理想,所以造成了很多的误解。五是因为高含蓄文化中(如中国、日

本)很多信息的传递并未使用明确的文字、语言或符号,而是通过上下文的联系、肢体语言和场景等进行的,这对于以上这些由于文化差异而导致的冲突和矛盾很难进行妥善处理,有的合资企业最终甚至走上了"解体"或"离婚"的不归路。就算是上海大众汽车有限公司等一些成功的合资企业,也通常是在经历了"炼狱"般的文化磨合之后才步入坦途的。

由此可见,合资企业若想获得健康的发展,双方就必然要重视彼此之间的文化差异,并采取有效措施来解决好文化差异的问题,至少需要做到如下几点:塑造良好的企业形象;树立"以人为本"的价值观念;培育勇于进取的企业精神。

二、跨国经营中文化冲突产生的深层原因

当跨国企业从一种文化背景进入另一种文化背景时,会遇到各种陌生的方式和行为,并造成文化冲突。笔者认为,造成这些文化冲突的深层原因主要包括:种族优越感、沟通误会及以自我为中心的管理。

(一)种族优越感

种族优越感是指认定某一种族优越于其他种族,认为本种族的文化价值体系要优越于其他文化价值体系。若是一个跨国企业的管理者以此种观点来对待东道国的人,那么他的行为很可能会被当地人记恨,甚至会遭到抵制,这样一来他就不能正常地管理该企业。

(二)沟通误会

沟通是群体或人际交流与传递信息的过程,但是因为存在很多沟通障碍,例如,人们对于事物、时间、空间、友谊、价值观、风俗习惯等的不同认识,增加了沟通的难度,容易产生误会,甚至演变成为文化冲突。

(三)以自我为中心的管理

对于世界上大部分人来说,管理是一种艺术,而不是一种教条。一个精明的跨国企业的管理者既要具有在本土经营与管理企业的能力,又要具有在不同文化环境中进行综合管理的能力。若是片面地以自我为中心,固守教条,不知变通,必然会导致管理上的失败。

三、文化冲突对于跨国企业经营活动的影响

文化冲突对跨国企业经营活动的影响主要有以下几点。

第一,文化冲突影响了跨国企业经营管理者和本土员工之间的和谐关系,产生"非理性反应"。所谓管理,是指"管"和"理"的有机统一。若是跨国企业管理者不信任员工,只"管"着他们,而不会"理"他们,那么长久以来,管理者与员工的关系就会变得更疏远,他们之间的距离也会不断增加,自然就会影响到沟通,甚至导致沟通的中断。管理者若是无法正确面对这种文化冲突,对员工采取非理性或情绪化的态度,员工也会采取非理性的行动,如此一来,误会越多,矛盾越深,对立和冲突就成了必然,后果不堪设想。

第二,文化冲突导致跨国企业组织机构的低效率和市场机会的损失。因人们的不同价值取向,势必会导致不同文化背景的人采取不同的行为方式,而同一企业内部便会造成文化冲突。伴随着跨国企业员工国籍和经营区位的多元化,这种逐渐增多的文化冲突就会体现在企业的外部经营中和内部管理上。在外部经营中,因文化冲突的存在,使得跨国企业无法以高效和积极的组织形象去迎接市场竞争,常常在市场竞争中处于被动地位,甚至失去很多大好的市场机会;在内部管理上,人们不同的价值观、不同的行为规范和生活目标势必会导致管理费用的增大,进而加大了组织协调的难度,甚至会导致组织机构低效率运转。

第三,文化冲突使得跨国企业全球战略的实施陷入困境。从一般的资源战略、市场战略向全球战略的转变,是跨国企业在国家范围内增强经济效益、提升全球竞争力的关键步骤。全球战略是国际企业发展到高级阶段的产物,其也对跨国企业的经营管理提出了更高的要求。为确保全球战略的实施,跨国企业必须拥有相当的规模,以科学的管理体系和全球性的组织机构作为载体。但是,如今许多跨国企业多采取矩阵式的组织机构,因文化冲突和缺少集体意识,造成组织程序紊乱,信息阻塞,各部门职责不明,互相抢夺地盘,海外子企业和母企业的离心力增大,使得母企业对子企业的控制难度增大,从而导致跨国企业的结构复杂,运转不灵,反应迟钝,极大地影响到了全球战略的实行。

四、实行跨文化管理,促进企业文化的协调和融合

跨文化管理,又称为"交叉文化管理",指的是牵涉不同文化背景的人、物、事的管理。跨文化管理学研究的是在跨文化条件下怎样克服异质文化

的冲突,进行卓有成效的管理。它的目的在于怎样在不同形态的文化氛围中,设计出实际可行的管理机制和组织机构,最合理地配置企业资源,尤其是最大限度地开发与利用企业的潜力和价值,从而最大化地提升企业的综合效益。

　　跨文化管理实施要点主要有如下三方面:一是识别文化差异;二是进行跨文化培训;三是建立共同的经营观和企业文化。通过强化跨文化管理,来解决企业文化之间的矛盾与冲突,达到跨文化的参与和融合,以使企业紧随世界企业管理发展的步伐,有效掌握与利用跨文化管理这一手段,积极推动跨国企业的健康发展,不断加强企业的国际化经营管理水平。

第八章 传统文化与现代企业文化建设的创新融合

> 企业文化根植于企业经营特定时空内的社会民族文化之中,当代中国企业文化因此也必然会受到中国传统文化的影响。现代中国企业的企业文化建设难以避免中国传统文化的渗透。随着时代的发展,人们逐步认识到只有将中国传统文化与西方先进管理理论较好地融合,才有可能形成企业前进的动力,促进企业的全面发展。

第一节 中国传统文化与现代企业文化建设的融合

传统文化是历史的产物,而历史文化能够流传至今,必然有其合理的现代价值。就现代企业文化而言,传统文化有其自身的价值体现。

一、中国传统文化的现代价值

(一)中国传统文化是现代企业精神的重要来源

中国优秀的传统文化为现代企业精神的个性特征的发展提供了方向。在市场经济下,传统的"民本"思想可以转化为"为人民服务"思想。也就是说,传统文化与现代企业精神在某些方面是相通的,可以将传统文化应用到现代企业当中。

(二)传统文化是现代企业道德的重要内容

现代企业家能够从中国传统思想中汲取道德养分,正是由于中国传统文化中本来就存在现代价值。当代企业管理理论越来越重视企业的道德观念,强调企业的思想、态度、荣誉、义务等。这些都说明传统文化中的道德传统对现代企业的建设具有现实意义。

(三)传统文化对现代企业形象设计有重要作用

"品牌的后面是文化",这几乎已成共识。文化积淀着民族传统。企业形象实际上就是文化形象。传统文化对于现代企业形象的塑造至少在道德性和民族性两方面起着作用。一方面,只有社会认同了企业的形象及其产品,该企业才能赢得市场,而在中国人的人格认同意识中,道德形象尤为重要,特别是当我们置身的社会环境中充斥着假冒伪劣产品的情境下,人们普遍痛恨奸商与不法商人;另一方面,企业生产和经营只有协调一致于民族传统风俗习惯,取得成功的概率才会大大提高。

(四)传统文化能够作用于现代企业管理

中国传统文化中的管理思想博大精深,对现代企业管理产生了很大影响。具体表现:传统的礼法兼用、以礼为主的管理方法在现代企业管理中的应用;以人为本的管理哲学促进了现代管理理论及实践;传统的家族管理模式在当代的延续;传统的经营战略对现代企业管理的借鉴作用;"达人""利他"的传统经营方针对现代企业管理终极目的的塑造等。

二、以中国传统文化为指导,塑造特色中国现代企业文化

由于历史文化传统不同,企业家对员工的思想领导方式、价值观引导、企业文化结构、市场策略思想等也就不同。因此,在我国应该以我国的传统文化为指导,塑造有中国特色的企业文化,以此来增强我国企业的竞争力。

中华文化作为世界上最古老的文化之一,作为中华文化源头的先秦文化,更是源远流长,根系深厚,博大精深。在面向21世纪建设企业文化时,要继承和发扬我国优秀的传统文化,从中汲取有益的营养成分,以更好地建设企业文化,增强中国企业竞争力。

(一)通过传统文化增加群体的凝聚力

企业文化旨在形成一种具有强烈内聚力的群体意识。人人维护本企业的信誉,愿为保持本企业的崇高信誉而奋发工作。为了创造这种文化氛围,作为企业领导者,必须具备三方面的企业伦理思想。

首先,要有网罗天下英才,与之和衷共事,即"同人于野"(《同人·卦

辞》)的精神。有博大胸怀,公正无私,光明磊落,团结多数人,发挥其聪明才智,共创宏业。作为领导者,应该具有与员工同甘共苦的精神,而且要避免"同人于门"的小圈子主义,而且还要避免"同人于宗"的宗派主义。如果一个企业只有拉帮结派,尔虞我诈,互相倾轧,甚至以邻为壑,落井下石,是很难建立优良的企业文化精神的。

其次,必须关心、照顾广大群众的利益,不断提高其物质文化生活水平;组织员工学习新技术,使之得到不断提高的机会。按照"损上益下,民说无疆"(《象传·损》)的原则,适当牺牲企业的利益,以满足群众的需要,让群众得到实惠。只图获取最大利润,不顾员工生活的做法对企业发展有害而无益。

最后,要宽厚待人,在企业内部形成宽松、融洽气氛。领导者要有涵养,遇事多宽容,不在小事上斤斤计较。着眼于增强感情,团结群众,顾全大局。坚持"赦过有罪"原则(《象传·解》),员工有了过失,要分清员工是故意的还是无意的,不能搞"一刀切"。宽容态度主要在于对下属的理解。平时对下属理解,一旦领导上有了失误,群众也能谅解。群众对领导的体谅,与领导对群众的理解是相辅相成的。企业领导者善于容纳员工意见,倾听群众呼声,才能深得民心。领导与群众和谐一致,企业成为团结和睦的大家庭,这是增强群体意识的关键。群体意识浓厚的企业,往往能够出现上下一心,奋发向上,精神面貌日新月异,企业发展蒸蒸日上的局面。

(二)以儒家思想树立良好的企业伦理道德

从汉代"罢黜百家,独尊儒术"开始,儒家思想就一直是中国封建社会的正统思想。中国古代的商人将"儒商"作为自己修身的目标。即使在现代社会,儒家思想在各领域仍然存在一定的影响,特别是在树立企业伦理道德方面更是有着积极的作用。

首先,企业要继承儒家思想中"仁"的道德理念,确立"仁德立业"的伦理道德观念。"仁"是孔子思想的核心,孔子认为,"仁"是宇宙观,也是做人的最高理想人格,是解决人际关系的最高道德标准。仁者,人也。他主张重视人,把人作为人来看待。这是我国最早的人本主义思想。"德"是实行"仁"的手段,孔子提出了一个划时代的命题"为政以德"。他还认为,施行德治的关键,是领导者能否以身作则。对管理者来说,以身作则是一种无形的力量,是管理者树立威信的重要条件,是实现管理目标的重要因素。在某种意义上,可以把企业家看作一面镜子,通过企业的活动照出企业家的形象和风格。企业家的领导风格不是别的,就是在达到企业目标的过程中,企业家表现出的个人品质和性格。企业家的领导风格给企业活动提供示范和榜样,并且对企业决策产生影响。

其次,企业要学习和继承儒家思想中的"义",确立"以义取利"的伦理道德观念。孔子说:"君子喻于义,小人喻于利。"孟子也发表过"何必曰利"的观点。这些观念虽然有些绝对,但是在义与利的权衡中,义确实是应该先被考虑的因素。对现代企业来说,应将社会效益放在首位,再追求经济效益。

再次,企业要学习继承儒家思想中"信"的道德观念,确立"诚信立商"的伦理道德观念。企业在处理与外部关系时,要讲"信"。企业信誉是一项无形资产,在某些情况下,甚至比资金、设备等有形资产还要重要。企业在处理内部人际关系时,也要强调信誉,主要是管理者要守信,一旦失信于民,就失去了威信,管理便难以实施。所以,管理者应做到言行一致,重视诚信。

最后,企业要学习继承儒家思想中"和"的道德观念。"和"有"普遍和谐"的意蕴,它包括自然和谐、人与自然和谐及人自身内外的和谐。投射到现代企业当中,也就是企业在生产的过程中要做到与自然的和谐,将环保理念和可持续发展理念放在首位,并且重视企业与社会、企业与企业及企业员工之间的和谐。

(三)以道家思想营造宽松的用人环境

道家思想的核心是"无为"。"道常无为而无不为。侯王若能守之,万物将自化。化而欲作,吾将镇之以无名之朴。镇之以无名之朴,夫将不欲。不欲以静,天下将自正。"作为企业的管理者只有在"小事"上有所不为,才能在"大事"上有所为。高层领导者应在识贤、求贤、用贤上决策时有所为,在人才的具体工作执行时则无所为,不越位管理。防止掉入"事事欲有为,事事不可为"的陷阱。

文化的作用在于调动个体的积极性、尊重个体的自主性、启发个体的自觉性从而充分发挥其效用。在一个企业中,只有充分地发挥每一个成员的功能,才能达到企业资源的最优组合,当企业的领导者不能充分有效地授权的时候,成员的作用就很难有效发挥,经常可以看到某些企业中的领导者非常"有为",凡事都要求员工向其请示和汇报,不允许员工发挥自主性,要求一切按照他的要求去办,虽然这样的领导很是负责,能力很强,但往往并不能把企业经营好。作为领导者应当把握企业的宏观战略目标,对于有相关职能部门的情况下,要充分地信任相关部门的员工。

第八章 传统文化与现代企业文化建设的创新融合

(四) 以法家思想促进文化与制度的统一

中国古代法家思想强调的是法制与人本思想相结合。所以,现代企业管理应既重制度约束和经济、行政手段的运用,又重思想引导、精神激励,以此建立适合本企业具体背景的文化体系。企业文化管理思想注重的是企业的精神、价值观、传统等"软因素"相协调、相对应的环境氛围,包括群体意识、社会舆论、共同礼仪和习俗、英雄形象及其物质文化等,从而形成强大的心理压力,这种心理约束进而对企业成员的行为进行自我控制。但是在这一过程中,也要有成文的制度规定。只有制度和道德相结合,企业管理才能有序进行。

(五) 以兵家思想树立企业文化的战略思想

孙子曰:"兵无常势,水无常形,能因敌变化取胜者,谓之神。"市场是瞬息万变的,经营者应依据市场变化灵活采取对策,与前方市场相对应的是企业后方的生产,市场策略变了,生产与管理的观念也应适应市场的变化。

企业的价值观是受企业内部员工及周围的人文环境影响的。企业环境随时都在变化,所以企业的价值理念应随之不断完善和更新,否则就会出现经营的被动及危机。由于企业文化系统与环境的水乳交融,其对环境变化的敏感度要比企业战略及管理系统高,因此,企业文化系统要先于战略系统对环境变化做出判断,进而通过自身的变革来促进战略和管理变革,使企业长期处于主动和有利的位置。

三、文化融合中的问题与反思

虽然传统文化中有很多精华思想能够为现代企业所取用,但是其中也有一些思想是与现代思想背道而驰的。在吸收传统文化的同时,要注意分辨这些思想。

首先,企业要将社会效益放在首位是毋庸置疑的,但是对企业来说,经济效益也是非常重要的。传统思想中,重农轻商,将"利"看成洪水猛兽,也就出现了"为仁不富,为富不仁"等思想。现在看来,这些思想非常极端,毫无道理。在吸收传统文化思想时,要避免走这种极端。

其次,传统文化中存在因循守旧的思想,无论何事,都喜欢循先例、讲传统,甚至将"述而不作,信而好古"当成美德。这是与现代社会的创新精神背道而驰的。

再次，中国古代是"人治"社会，重视的是人与人之间的伦理道德而不是法。这与现代社会的精神是背道而驰的，企业管理在吸收传统思想中的道德观念时，也要注意避免用"人治"代替"法治"。

最后，宗族管理模式和现代化企业结构的冲突。家族本位传统形成了中国长期以来在生产经营中的宗族管理模式，它很容易导致"家天下"和搞裙带关系，容易形成森严等级而不利于企业高度发展，这是建构现代化企业文化的重大障碍。

当然，也应看到中国传统文化的双重性，分清精华和糟粕、积极和消极两个方面，将其中不利于建构我国现代企业文化的思想成分予以合理改造，以期发挥它应有的作用。

第二节　解析传统文化精髓，建设现代企业文化

我国的传统文化思想始终贯穿着我国从古至今的管理实践，涉及社会的各个方面，对我国企业管理有着极其重要的影响。在本节中我们就从传统文化精髓在现代企业建设中的作用这方面来进行分析探究。

一、传统文化中的管理思想精髓

（一）以人为本

中国传统文化中，儒家思想是核心，而儒家思想中的"以人为本"和"仁"的理念非常重视人的价值，这已经深入人心了。我国企业在管理时也要吸收这种思想，将人放在第一位，树立以人为本思想。

（二）天人合一

传统思想中的"天人合一"思想强调人与自然的和谐统一。这在现代社会尤为重要，与现代社会所提倡的人与自然、可持续发展等思想不谋而合。现代企业要吸收这种思想，并内化为企业本身的思想。

（三）以信取人

"信"是立身之本。儒家主张真诚待人、诚实敬业、恪守信用、讲究信

誉。所以中国自古至今的工商业者在儒家这种以信取人的思想影响下形成了"诚信为本,信誉第一"的管理方法。现代社会职业道德基本规范的内容之一是要求各行各业做到诚实守信,也就是要求真心诚意、实事求是、不虚假、不欺诈、遵守承诺、讲究信用、注重质量和信誉,这恰恰符合儒家"以信取人"主张的要求。

二、现代企业管理中人文因素的缺失

(一)对企业文化认识不足

目前,很多企业对企业文化的理解仍然停留在表面上,并没有把企业文化战略编入企业发展规划的整体战略中。有些企业谈企业文化并不是为了适应企业发展和管理的需要进行企业文化建设,而是为了赶时髦、走过场。实际上,企业文化不是企业加文化,不是提出一些口号,搞一些"装饰品"式的花架子。企业文化真正的内涵是将企业的价值理念和企业精神融入并贯穿企业整个生产管理的全过程,渗透到员工的心灵,并转化到企业领导者、管理者和员工的行为上。

(二)缺乏核心价值观和经营理念

核心价值观念和经营理念是企业的灵魂,决定了企业的发展战略和未来的发展方向。一些企业片面地理解企业文化建设,认为企业文化就是追求降低成本和提高效益,于是进行一些缺乏商业道德的经营行为,致使市场萎缩。对员工则重义务而轻权利,导致人才流失。

企业家肩负着建立、塑造企业文化的重大使命,他们的价值观、思维方式自上而下、潜移默化地引导和影响着全体员工的思想、行为,因此,企业家要加强企业文化经营理念的塑造,运用企业的核心价值观来规范指导企业行为。

三、吸收传统文化精髓,建设企业文化

(一)树立"以人为本"的管理理念

"以人为本"是现代企业管理强调的重点,这正是中华文化精髓的体现。人才是企业最重要的资本,人是企业一切行为的出发点和落脚点。企

业的发展离不开人,而人也需要依靠企业实现自身价值的发展。随着时代的发展和人素质的提高,人们的思想和行为也发生了变化。工作除了是养活自己的手段,还是实现自我价值的途径。在这种情况下,企业更应该做到"以人为本",将实现人的发展与企业发展相结合。

(二)树立"天人合一"的管理理念

所谓"天人合一",按照现代思想的理解,实际上就是人与自然和谐相处。这一思想与我们现代社会所提倡的"环保""可持续发展"不谋而合。现代社会,资源短缺、环境污染问题严重,而企业的生产又需要耗费大量资源,甚至会影响到环境。因此,对现代企业来说,树立"天人合一"的思想是非常重要的,也是非常迫切的。

(三)树立"诚信至上"的管理理念

企业做事讲究诚信,才能够与顾客建立起长久的良好关系。对一个企业来讲,诚信经营是制胜之本。诚信经营带来的良好信誉是一种无形的力量,也是一笔巨大的财富,它能为企业带来丰厚的回报。因此,企业应利用不同的形式开展诚信教育,不断强化诚信意识,树立企业形象。

第三节 中国优秀传统文化在现代企业文化中的影响

创办企业自然是想办好企业,塑造百年品牌。那么,企业该如何在激烈的市场竞争中生存并脱颖而出呢?其中有一点极为重要,那就是企业文化。中国特色企业文化,就是要将中国优秀传统文化渗透于企业文化之中,形成企业文化的"中国模式"。它与美国的"西部牛仔精神"日本信奉"和"、韩国"坚持员工关系决定成败"等企业文化都不同。不管是近些年成长发展起来的中国内地企业,还是港澳台地区企业,以及东南亚其他地区久负盛名的华人企业,它们的管理理念与经营成功的文化底蕴都是中国传统文化特色。中华民族拥有博大精深、源远流长的文化传统,其中产生于春秋时期,作为中国传统文化精髓的儒家、墨家、道家、兵家、法家等诸子百家的思想博大深邃,历经千年而不衰。这些优秀的传统文化是中国几千年宝贵经验的结晶,是一笔丰厚的文化资源,是我们谋求进一步发展与创造的重要基础。笔者认为,中国优秀传统文化应该而且能够在目前中国企业经营管理特别是企业文化建设中发挥出更大、更独特的影响和作用。

一、风俗之厚薄奚自乎？自乎一二人之心之所向而已——领导文化的主导作用

企业的领导者，也可称为企业的领军人、领袖、领路人，他掌管着企业的生产经营、日常管理与发展方向，在企业生存发展中常常具有至关重要的作用。在实际生活中，往往会因为一些企业领导者的腐败或决策失误，而使得一个兴盛的企业被搞垮，同样，有时候一个濒临破产的企业会因为换了一个领导者而使企业重新焕发生机。现实中很多大企业都可以当作这方面的典型例子：苗丰强先生是一位温文儒雅、博学多闻的君子，他的神通电脑公司的经营团队自然个个聪明过人、机智能干；施振荣先生是位殷实忠厚的企业家，他的宏碁集团的主要干部也大都是脚踏实地的人；宋恭源先生谦虚客气、深谋远虑，其光宝集团的员工都非常低调，但个个骁勇善战。相反，有的企业领导趾高气扬、不可一世，其公司自然会形成员工之间相互倾轧，对普通人不屑一顾、对大人物亲切的状态。《墨子·兼爱》中提到："昔者，楚灵王好士细腰，故灵王之臣，皆以一饭为节，胁息然后带，扶墙然后起，比期年，朝有黧黑之色。"《资治通鉴》中有："吴王好剑客，百姓多创瘢；楚王好细腰，宫中多饿死。"在现实企业中，我们也时常会看到相似的现象。例如，领导喜欢搓麻将，公司里肯定到处能听到谈论"麻将经"的声音；领导喜欢喝酒，于是部下们个个"善"饮；领导喜欢穿什么品牌、什么颜色的衣服，部下就会自然效仿……从古至今，上有所好，下必效之。领导看似无意的言语、行为和思想，有时甚至会影响下级的工作方法、工作思路等。例如，海尔集团总裁张瑞敏曾忍痛亲自抡起铁锤，砸烂了76台质量不达标的冰箱。他的这个举动，向员工传达的并非是要将全部不合格的产品砸掉，而是利用这件事教育员工：要么不干，要干就要争第一，在质量问题上绝不能轻视，不合格的产品就是废品。综上所述，一个企业形成的文化，很大限度上可以说是企业领导者所展示出来的文化。企业领导者的思想文化、话语文化和行为文化，最终将形成和影响着企业文化。所以，企业要形成有成效和有特色的企业文化，需要先从企业领导者的"领导文化"抓起。领导在思想上必须善于学习，具有切合实际、经得住实践检验的真知灼见和创新意识；在话语上必须形象、恰当、真实、到位，具有丰富的文化内涵和感召力；在行为上必须善于沟通，言行一致和富有教育意义。企业文化的良莠取决于领导者的素质高低，换言之，若是没有优秀的带头人，就无法创造良好的企业文化。同样，领先世界的先进企业，势必有领先世界的、独特的先进文化及优秀的领导者。

二、天时不如地利,地利不如人和——企业管理的重要观念

孟子曰:"诸侯之宝三,土地、人民、政事。"在构成国家的三要素中,人民这个要素具有十分重要的意义,因此,他提出了"民为贵,社稷次之,君为轻"。荀子也提倡重视人民作用的"民水君舟"说:"君者,舟也;庶人者,水也。水则载舟,水则覆舟。"形象地阐明了民对君的利害关系。孟子的"民贵君轻"说和荀子的"民水君舟"说,这些都深刻表现了儒家思想中原始的人本主义思想,已具有人文关怀的精神。孟子还曾提出:"天时不如地利,地利不如人和。""天时、地利、人和"三者之中,"人和"尤为重要,常常起着决定性的作用。以人为中心,就是强调发挥人的积极性,强调构建和谐的人际关系,实现"人和"。大量事实验证,影响企业经营成败的因素有环境因素、外在形势、资金、物资设备等客观因素,也有企业员工的人心这一主观因素,在诸多因素中,人心向背与员工的积极性这一因素才是最重要的。如今,还有很多企业认为钱能解决一切人的思想问题,认为只要增加薪酬就可以调动员工的积极性。这些企业虽然明白增加薪酬可以留住人,但却忽略了"人和"的重要性,只有"人和"才能够稳定人心。通常来说,薪酬并非是人们追求的唯一目标,还有更加重要的就是随着企业文化的发展,人的自我价值得以实现。在员工看来,企业增加薪酬只是自己应得的回报,若是能在心灵上给员工以关怀和慰藉,更能产生感召力。成功企业的魅力就在于其能够最大限度地尊重、理解和关心人,并实行人性化的经营理念,若是真正做到员工与员工、员工与领导之间的互动,既要让员工了解企业的发展现状、理解企业的困难、熟知领导安排自己的良苦用心,还要使领导熟悉员工的内心需求和工作状态,理解员工的心理。这就是企业文化成熟发展的生动表现,更是一个企业能够保持良性发展、持续进步的源泉与灵魂。

三、人而无信,不知其可也——构建企业品牌的立身之本

中华民族向来信奉诚实守信,"人无信不立,业无信不兴"。古人常用"一言九鼎""一诺千金"等成语来比喻承诺的贵重和分量。可以说,"诚"和"信"就是中国传统文化的基石。孔子在《论语·为政》中提出:"人而无信,不知其可也。大车无輗,小车无軏,其何以行之哉。"通读《论语》,"信"贯穿全篇,可见,这也是孔子及其弟子十分珍视的重要道德品质。至于"诚",孟子则将其提升到很高的地位。《孟子·离娄上》有"诚者,天之道也;思诚者,人之道也"的说法。由此可见,作为儒家文化的核心思想,"诚"

第八章 传统文化与现代企业文化建设的创新融合

和"信"在塑造中华民族的民族品德上,起着至关重要的作用。古人还认为,经商要讲究信用,否则,不仅赚不到钱,还有可能带来灾祸。在《管子·乘马》中就曾有"非诚贾不得食于贾"之说,意思是不讲诚信的商人不能经商,不能以商谋生。上述这些论断足以说明诚信在企业中的影响和作用。

笔者认为,企业要想获得成功,首先要懂得恪守服务者的信誉,这是赢得顾客的必要条件。伴随着经济的发展和社会的进步,诚信将成为市场经济的基本条件,信用已成为一个企业的立身之本,尤其是在严把质量关和营销政策上,要构建一套完善的诚信体系。诚信对内也要"信"字当头,一诺千金,"言必信,行必果";对外要秉承"做生意就是做人""先卖信誉,后卖产品"。"祸莫大于无信",经商而不讲信用,依靠欺诈获取不义之财,不可能持久,只能是"一锤子"买卖,它的最终结果就是自我毁灭,企业的经营也是同样道理。我们可以从近些年来一些大品牌企业的兴衰成败中获得启迪,麦当劳可从容谈笑,火后重生;三株公司、三鹿集团却在转瞬间灰飞烟灭,它们的兴盛、衰败均是因为"诚信"的神奇魔力。因此,创办百年品牌企业,信誉是市场经济中一个企业的生命所在和不竭的精神财富。若企业丧失了信誉,即使一时得利,日后也势必会自吞苦果。

四、以德服人者,中心悦而诚服也——"德"是企业巨大的无形资产

曾有一位记者去美国惠普公司采访,在经过车间时,看见一位满头大汗的员工,旁边的风扇却在朝着机器吹。记者问他:"为什么电风扇不向人吹而向机器吹?"那位员工十分自然地回答道:"机器必须保持清洁卫生,避免蒙上灰尘而缩短寿命,所以电风扇要朝机器吹。"从一件很小的事情就能够看出,员工已和公司心心相印、人企一体了。难道这是公司制定的管理制度,要求员工把电风扇向机器吹而不向人吹的吗?不是的。这是惠普公司以德治企最动人也是最成功之处。《论语》曰:"道之以政,齐之以刑,民免而无耻;道之以德,齐之以礼,有耻且格。"《孟子·公孙丑上》中也提到:"以力服人者,非心服也,力不赡也;以德服人者,中心悦而诚服也,如七十子之服孔子也。"这两句话从企业角度来说,就是如果只用制度奖惩来管理员工,那么员工就只会为了获得奖励、避免惩罚而去做事,并不会自觉地规范自己,也不会从心里认同企业的管理。只有辅以仁德,员工才会真正对企业产生认同感,从而带动员工自觉性的大幅提升,形成企业内部强大的向心力。

从企业管理层面来讲,究竟是"法治"重要,还是"德治"重要?笔者认

为,两者应相辅相成、相互促进,而不是互相代替,更不是相互否定。但是,有些企业在管理过程中,通常注重"法治",而轻视了"德治",甚至否定"德治",认为只要规定个"圈",员工只要在"圈"内工作,不跨越界线就能办好企业,其结果无一不是陷入管理危机之中。美国的企业管理制度是非常规范的,甚至在个别人的心目中是非常完美的。然而,美国的大企业时常出现问题的现实告诉我们,单纯依靠企业制度来管理是不行的,就算再完善的企业制度还是会有漏洞,因此应在完善企业管理制度的同时,重视人的问题。毕竟企业的制度是人制定的,需要人来执行,因此若是人的问题不处理好,再好的企业管理制度,也无法确保企业高效稳定地发展。企业的领导者需要明白:依靠规章制度只能让人被动地服从,依靠手中的权力只会让人害怕,若是广施仁德,使企业成为员工温馨的家,使员工产生归属感,试问,他们不会为家承担和分忧吗?他们还会"离家出走"吗?惠普公司的例子,就是企业实现以德服人所产生的威力。

孔子认为"德不孤,必有邻",即有道德的人和企业是不会孤立的,必然会有一帮思想一致的人与企业一同成长进步。只有以"德"为中心,才能留住人才,才能赢得市场。这个"德"除了对内施德以外,还包含不容轻视的对外商德。一个企业,若是无"德",就不会有好的结果和处境。相反,"德高"才能"望重"。一个企业若是缺"德",那么谁还会和他做商业朋友?一个企业若是缺"德",不重视"德"的修炼,怎么能在竞争激烈的市场上站稳脚跟并处于不败之地?也许会有人认为"存在就是合理,赚钱才是硬道理""经济不需要道德干预",其实这种看法是忘却了做人与做企业的根本,"三鹿"奶粉的典型教训至今还历历在目。因此,企业要有"德",只有内外德兼修,才能向社会大众展示出企业高尚的精神风貌和良好的经营状况,才能为企业塑造良好的商德形象,树立信誉和口碑,扩大影响,这是企业巨大的无形资产。

五、义以分则和,和则一,一则多力,多力则强,强则胜物——培养企业的团队精神和核心竞争力

《荀子·王制篇第九》中提到:"义以分则和,和则一,一则多力,多力则强,强则胜物。"也就是说,根据道义确定了名分,人们就能和睦协调;和睦协调,就能团结一致;团结一致,力量就大;力量大了,就能强盛;强盛了,就能战胜外物。这一论断提出了团队合作的重要性。中国古代"一根筷子与十根筷子"的故事、"雁行千里排成行、团结协作齐飞翔"的团队效应等,无不启示我们:做任何事,一定要团结,团结力量才大。一个人若是没有团队

精神将很难做成大事;一个企业若是没有团队精神将变成一盘散沙;一个民族若是没有团队精神也将难以强大。因此,培养"团队精神"应当引起企业的重视。但团队精神并非简单的排列,也不是凑数字、堆积木,更不是搭帮结伙,而是一群人的合作,这群人合作起来要"一条心",像"一个人",要让员工充分意识到企业的兴衰成败和自己休戚相关,为同一个目标共同奋斗,拧成一股绳,为创造辉煌的业绩而不懈奋斗。企业有团队精神就拥有了核心竞争力,就可以弥补诸如技术、资金等方面的不足,就具备了在现代市场竞争中无往而不胜的战略优势,这是因为团队精神能够产生正的协同效应,推动团队的协作,甚至能让平凡的队员创造出超凡的业绩。

总而言之,企业在建设与提升企业文化的过程中,要结合实际,立足于本土,通过以诚信经营为基石、以领导文化为主导、以"人和"管理为重点、以团队培养为核心、以仁德培育为灵魂的有机整合,打造出一流的企业文化,促使企业健康长久发展。同时,企业在自身的发展中,应当多吸取中国优秀传统文化的力量和营养,从中提炼、演绎和升华与企业经营管理相接轨的文化精华,这不仅能树立正确的价值观,明确宏伟的企业目标,承担高尚的企业使命,在历史的舞台上走得更久远、更美好,而且能够提升企业的文化内涵,将中华民族的光荣传统发扬光大。

第四节 用传统德文化滋养现代企业员工"厚于德"

认识、理解、建设与发展现代企业及企业现代化,不应限制于设备先进、数字化处理能力强、自动化程度高及产品设计先进、质量优良层面之中,而应从"世界上人是最可宝贵"的角度出发,增加企业员工"人的素质修养"这一重大因素考量。因此,结合生产、经营和活跃于国内的现代企业应弘扬"厚于德、诚于信、敏于行"这一新时期精神,笔者以如何用传统文化滋养现代企业员工"厚于德"展开分析。

可能有人拷问或者提出质疑,时代的列车都已经驶进21世纪,现在的经济体制早已经是市场经济,还提什么"传统文化",搞"传统文化"滋养论,岂非太不合时宜,难道是"当下无物,觅古而用"?

纵观如今市场经济之下,整个社会对于所有社会人而言,依然需要其"德"其"诚",所有社会人仍有其工作、学习和生活之"行"。因此,根据马克思关于"历史不外是各个时代的依次交替,每一时代都利用以前各代遗留下来的材料、资金和生产力"的理论,可以得出"文化也是生产力"的结论,当前我们有着充分的理由来"借古利今""古为今用"。

观察中国古往今来的社会文化基础,我们不难发现中华民族优秀文化传统传承五千年而世代不绝,祖祖辈辈都是从小就在传统文化的氛围里濡染浸润,因此,今天提出这种滋养论,可以肯定大众对其认同、默识于心,比之使用其他文化滋养自然事半功倍;更因这是我们的根本,是我们民族精神的基础。当然,现代企业的"现代"也是以"古代"为基础而建立、以"古代"为养基而发展的,企业里的人文底蕴更是如此。

中华民族传统文化博大精深,精神方面就包含信仰、励志、明心、仁善、和物、修德、待人等方面,物质基础里包含生产技术、日常生活、建筑艺术等事项,还有物质和精神基础融合在一起的,如琴棋书画等。因此特别指出,用传统文化滋养现代企业员工"厚于德",主要是运用传统民族文化精神层面的精髓,其中以传统道德最为关键,同时也应结合运用物质基础的技与艺。

一、德

德,是指道德、德行、德性。"厚于德"之德,就涵盖了这几个"德"。古人极为重视一个人的德行,因此所有古人都十分注重修德,讲究凡事问德,因为"道德人家"是一种骄傲。而如今人们同样讲求一个人的道德品质,因此,对干部、员工有年度的"德能勤绩"考核,对学生们提出"德智体美全面发展"的要求,对广大社会民众提倡"五讲四美三热爱"。今天,对一个现代企业进行员工"厚于德"的审视与滋养,除纯粹道德方面的需求以外,还包含企业持续发展的谋略。

德,对于一个社会单位、一个社会实体或一个社会人来说,都有社会公德、职业道德、伦理道德(合称"三德")的最基本要求与不断的修持。细化到不同身份的人,则还具有各自的道德规范或要求,如官德、师德、母德、子德、学德等。因此,党的十六大提出要建立"与中国传统道德相承接的道德的体系",由此说明道德不断裂,有其承接性;道德不单一,有其多层面。

二、"古德"与"今德"

为便于讨论,笔者将传统德文化简称为"古德",也就是形成于古代并世代传承的道德、先贤所遗高德;与"古德"相对,自然就是"今德",也就是今人通过创新和发展而建立起来的道德,或者说是社会主义道德。

在我国古代,从"三德"维度提出了道德的要求,也形成了道德的尺度,如"兼爱利人""修身为本""孝悌为本""自律自省""万物一体""爱物惜命""仁者自爱""宽惠有道""见利思义""己所不欲,勿施于人"等道德观,从而演绎出"可怜天下父母心""融四岁,能让梨""香九龄,能温席"等故事;演绎出"匹夫有责""修身治国齐家""敬业乐群"的担当;演绎出"德邻仁里""守望相助""童叟无欺"的爱行。今天要养德且"厚于德",可从以上德行中,结合岗位知识来学习和修持。

今天,建设社会主义道德的基本内容已经确立,并形成了自身的系统,深入人心,这即是以为人民服务为核心,以集体主义为原则,以爱祖国、爱人民、爱科学、爱社会主义为基本要求,以社会公德、职业道德、家庭美德为着力点,结合工作单位的道德教育、学校的道德教育和个人的自我道德教育的体系。社会主义时代的道德模范者也不乏其人,如吴斌、孔繁森等。

三、学习"古德",丰富"今德",滋养"厚于德"

"古德"的底蕴深厚,也甚亲近,所以截至目前,媒体关于企事业单位组织员工学习《六祖坛经》《易经》《弟子规》的例子屡见不鲜,这些例子是可以供他人和其他单位参考、借鉴的。

中华民族的"古德",笔者认为可用"中、仁、和"三字来概括。其中,"中"指不偏不倚,无过无不及;"仁"指发心善良,亲亲为大;"和"指谦和包容,知达能度。企业组织员工学习"古德",主要学习的就是它的文本,理解它的精神,受到它的感染,化知它的要义,以丰富充实自己的"今德",转化为自己的践行,而具体的学习、丰富与滋养主要包含以下几点。

(一)普通学习与专业学习

"古德"文本比较多,在组织员工学习时,应分为专业学习和普通学习两种。类似《论语》《孟子》《大学》《中庸》《易经》《六祖坛经》等,这些著作的内容古奥,其意义精深,适合组织专门性学习。类似《三字经》《弟子规》《昔时增广贤文》等文本,语言比较直白,意义浅显,可用在普遍性、大众化的学习。学习《论语》等四书,理解儒家思想与孔子的大同理论,学习《易经》知晓"君子蓄德"与"变"的必然,学习《六祖坛经》了解佛教主张的"善"与加强"顿悟"自信。至于形式,进行讲座学习,由明者一人主讲,大众性、集合式听讲,这样有利于讲学互动,言论由衷,受益更加显著。当然,独自学习也必不可少,因为独自学习更加有助于思考。同时,还可以带着如"古人的爱岗敬业""如何爱岗敬业"等问题进行学习,这样有利于理论联系实际,触及心底;或是采取"心无碍物"的形式学习,也就是放松心情、没有负担

(心无碍物)地学习,如此学来的东西才能记得更加牢固,也更容易演化。

(二)典型德范学习与本土名贤学习

中国古代的道德典范真可算得上是群星显耀,其志负和作为均有值得我们学习的地方,如出使外邦被流放牧羊19年仍持节不变的苏武,被放逐江泽仍忧国忧民的屈原,还有如辛弃疾、范仲淹、戚继光、文天祥、林则徐、海瑞等均可引以为榜样,进行学习。除此之外,还可利用历史和方志记载的本地圣贤事迹就地取材进行学习,并与参观历史爱国教育基地相结合,创新学习。

(三)释疑答辩学习与感受交流学习

显然,中华民族的"古德"也是逐渐发展、改进、出新而创立形成的,所以其遗泽到今天,无法避免地会与时代精神、时代思想和先进科学存在差异,加上今人对于古代的语言和事项了解不足,在学习中容易产生疑惑、不解,因而有必要进行释疑答辩学习。如"孝悌为本""君君臣臣"之说,明显与时代思想不统一、不协调,对此需理性分析,根据历史来解释,与"以人为本"相比较,与新时代的领导、员工、官兵、干群等关系比较,从而充实"今德",达到"德"之学推动"德"之修。当然,也不能少了员工之间的认识交流和感受分享的学习,如此更有助于学习的推动,有助于个人的进步和大众的共同进步。

参考文献

[1] 谢健,奚从清.现代企业文化[M].杭州:浙江大学出版社,2011.
[2] 李海,郭必恒,李博.中国企业文化建设:传承与创新[M].北京:企业管理出版社,2005.
[3] 邵学全.赢在企业文化:企业文化建设路径方法与操作实务[M].北京:清华大学出版社,2015.
[4] 肇庆市炎黄文化研究会.传承与创新:肇庆市"传统文化与现代企业"研讨会论文集[M].广州:暨南大学出版社,2013.
[5] 威廉·大内.理论[M].朱雁斌,译.北京:机械工业出版社,2007.
[6] 埃德加·H 沙因.企业文化与领导[M].朱明伟,罗丽萍,译.北京:中国友谊出版社,1989.
[8] 埃德加·H 沙因.企业文化生存指南[M].郝继涛,译.北京:机械工业出版社,2004.
[9] 特伦斯·迪尔,艾伦·肯尼迪.企业文化:企业生活中的礼仪与仪式[M].李原,孙健敏,译.北京:中国人民大学出版社,2008.
[10] 特伦斯·迪尔,艾伦·肯尼迪.新企业文化:重获工作场所的活力[M].孙健敏,黄小勇,李原,译.北京:中国人民大学出版社,2009.
[11] 詹姆斯·C 柯林斯,杰里·I 波勒斯.基业长青[M].真如,译.北京:中信出版社,2006.
[12] 彼得·圣吉.第五项修炼:学习型组织的艺术与实践[M].张成林,译.北京:中信出版社,2009.
[13] 沃特金斯,马席克.21 世纪学习型组织:企业领导的管理艺术[M].沈德汉,张声雄,译.北京:世界图书出版公司,2000.
[14] 斯图尔特·克雷纳.管理百年:20 世纪管理思想与实践的批评性回顾[M].邱琼,等译.海口:海南出版社,2003.
[15] 杰克琳·谢瑞顿,詹姆斯·L 斯特恩.企业文化:排除企业成功的潜在障碍[M].赖月珍,译.上海:上海人民出版社,1998.
[16] 约翰·科特.企业伦理学[M].周祖成,译.北京:华夏出版社,1997.
[17] 刘光明.企业文化[M].4 版.北京:经济管理出版社,2004.

[18] 刘光明.经济运行与伦理[M].北京:人民出版社,1997.
[19] 刘光明.企业形象导入[M].北京:经济管理出版社,2006.
[20] 奚从清,樊纯诗,郦水潭.中国现代企业文化导论[M].杭州:杭州大学出版社,1997.
[21] 沈赓方,奚从清.企业文化理论与实践[M].杭州:杭州大学出版社,1990.
[22] 陈春花.企业文化管理[M].广州:华南理工大学出版社,2002.
[23] 邢以群,张大亮.企业文化建设:重塑企业精神支柱[M].北京:机械工业出版社,2007.
[24] 江雪莲.现代商业伦理[M].北京:中央编译出版社,2002.
[25] 冼国明,王东,徐冬.企业制度与国际竞争力[M].北京:经济科学出版社,2001.
[26] 白玉,吕浩.企业形象策划[M].2版.武汉:武汉理工大学出版社,2008.
[27] 乔春洋.品牌文化[M].广州:中山大学出版社,2005.
[28] 徐东,唐斌.礼仪规范教程[M].北京:电子科技大学出版社,2009.
[29] 朱燕.现代礼仪学概论[M].北京:清华大学出版社,2006.
[30] 陈信勇.法律社会学[M].北京:中国社会科学出版社,1991.
[31] 武树臣.中国传统法律文化[M].北京:北京大学出版社,1996.
[32] 胡平.论商业文化[M].北京:中国商业出版社,1991.
[33] 李钢,王旭辉.网络文化[M].北京:人民邮电出版社,2005.
[34] 莫茜.大众文化与网络文化[M].北京:北京邮电大学出版社,2009.
[35] 韩承敏.跨文化人力资源开发与管理[M].南京:东南大学出版社,2003.
[36] 曾超晖.跨国品牌失败案例[M].北京:中国人民大学出版社,2005.
[37] 李规正,段福德.合资留给了我们什么:中外企业合资十大败局分析[M].北京:中国社会科学出版社,2005.
[38] 戴新歌.中国国有企业制度创新研究[M].成都:西南财经大学出版社,1999.
[39] 张一青,孙春晓.民营企业文化与竞争力[M].北京:经济科学出版社,2006.
[40] 谢健,任柏强.温州民营经济研究:透过民营经济看温州模式[M].北京:中华工商联合出版社,2000.
[41] 谢健,李忠宽.温州制造:透过民营企业看温州模式[M].太原:山西经济出版社,2001.
[42] 谢健.民营中小企业制度创新研究[M].北京:新华出版社,2002.

[43] 托马斯·彼得斯,小罗伯特·沃特曼.寻求优势:美国最成功公司的经验[M].管维立,译.北京:中国财政经济出版社,1986.

[44] 理查德·帕斯卡尔,安东尼·阿索斯.日本企业管理艺术[M].陈今森,杨道南,陈今池,译.北京:中国科学技术翻译出版社,1984.

[45] 叶生.企业灵魂:企业文化管理完全手册[M].北京:机械工业出版社,2008.

[46] 王明夫.三度修炼[M].北京:机械工业出版社,2008.

[47] 马树林.中外企业文化故事[M].北京:企业管理出版社,2006.

[48] 王吉鹏.企业文化理念体系构建实务[M].北京:中央编译出版社,2005.